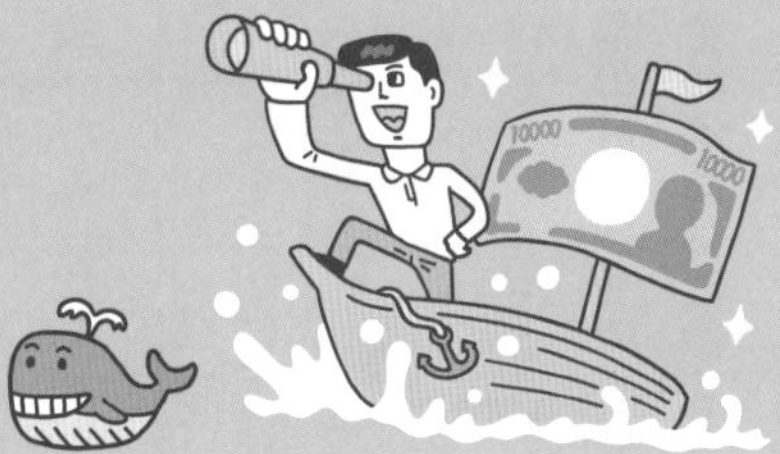

超ど素人がはじめる資産運用

第2版

風呂内 亜矢 著

ファイナンシャルプランナー

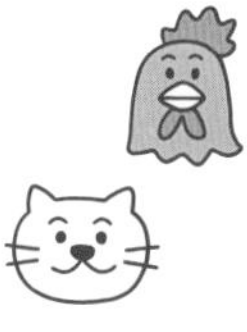

SE

SHOEISHA

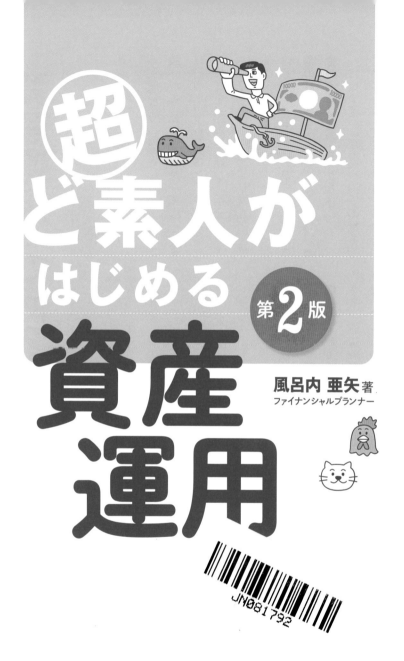

資産運用って何？

お金の価値は同じじゃない

資産運用＝投資というイメージが強いかもしれませんが、実は、貯蓄に励むことも資産運用の一部です。

収支を適切に管理し、手元にできた資産を預貯金や投資信託など、必要な形に換えて保管する取り組み全体を資産運用といいます。**わざわざ他の形に換えて保有する理由は、お金の価値は変動するから。**

コロナ後の物価高や円安の動きを受けて、買えるものの量が減ったと感じた人もいるかもしれません。

例えば、ジュースが1本100円なら、1000円で10本買えます。5年後、ジュースが1本150円になっていたら、6本しか買えません。

必要品を必要な量買うために

同じ1000円という金額にもかかわらず、その価値はジュース10本分から6本分に下がってしまいました。**このようにモノに対してお金の価値が下がることをインフレといいます。逆にモノの価値が下がることをデフレといいます。**

日本は長くデフレでしたが、物価高でインフレを身近に感じた人もいるかもしれません。そしてこの先さらにインフレになるのか、デフレに戻るのかは誰にもわかりません。

金融商品に換えて資産を保有する投資も、どれが値上がりし、どれが値下がりするかは誰にもわかりません。ただ、金額が不変の商品だけで資産を保有していると、物価や景気の変動に対して家計でとれる対策は、購入する品数の調整しかなくなります。必要なものを必要な分量買い続けるために、性格が異なる形で保有する資産運用を検討します。

財産の価値を維持する取り組み

お金の価値は変わっていく

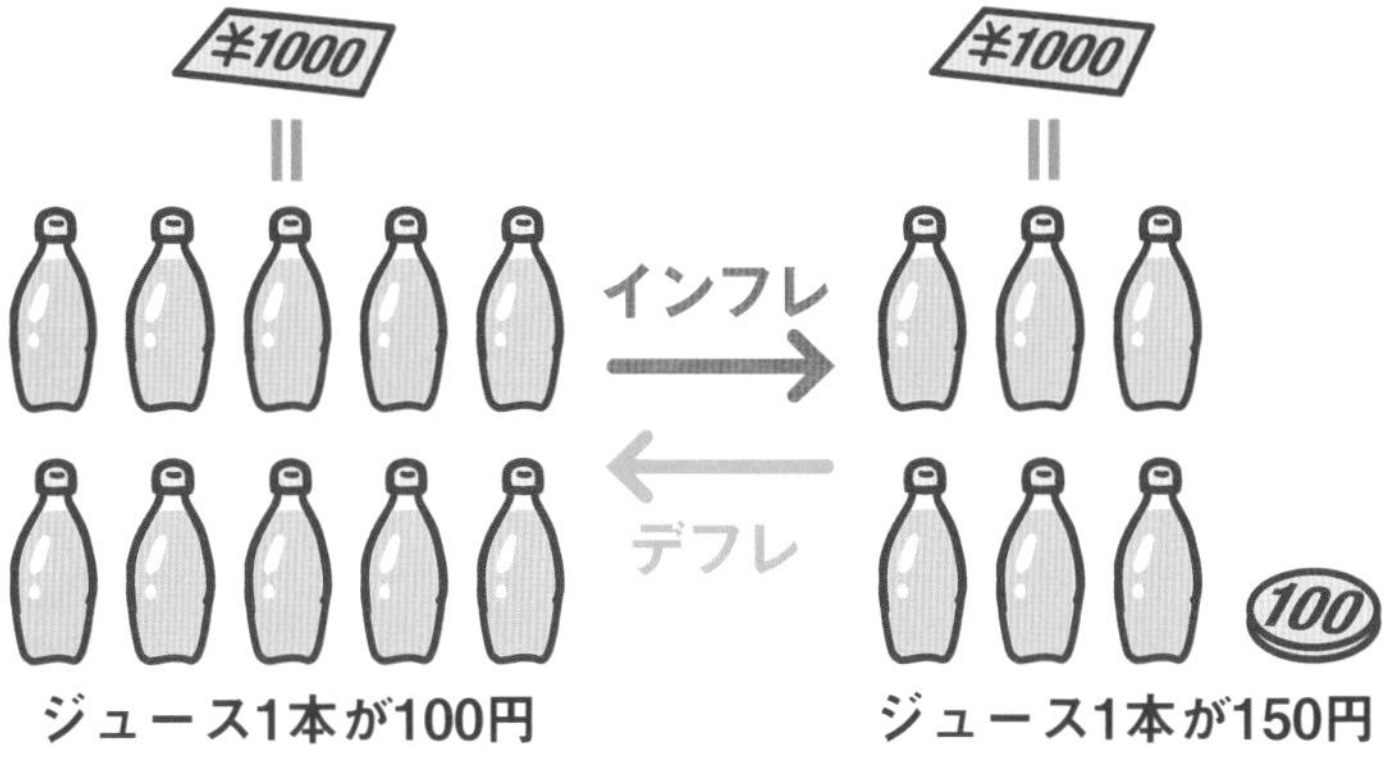

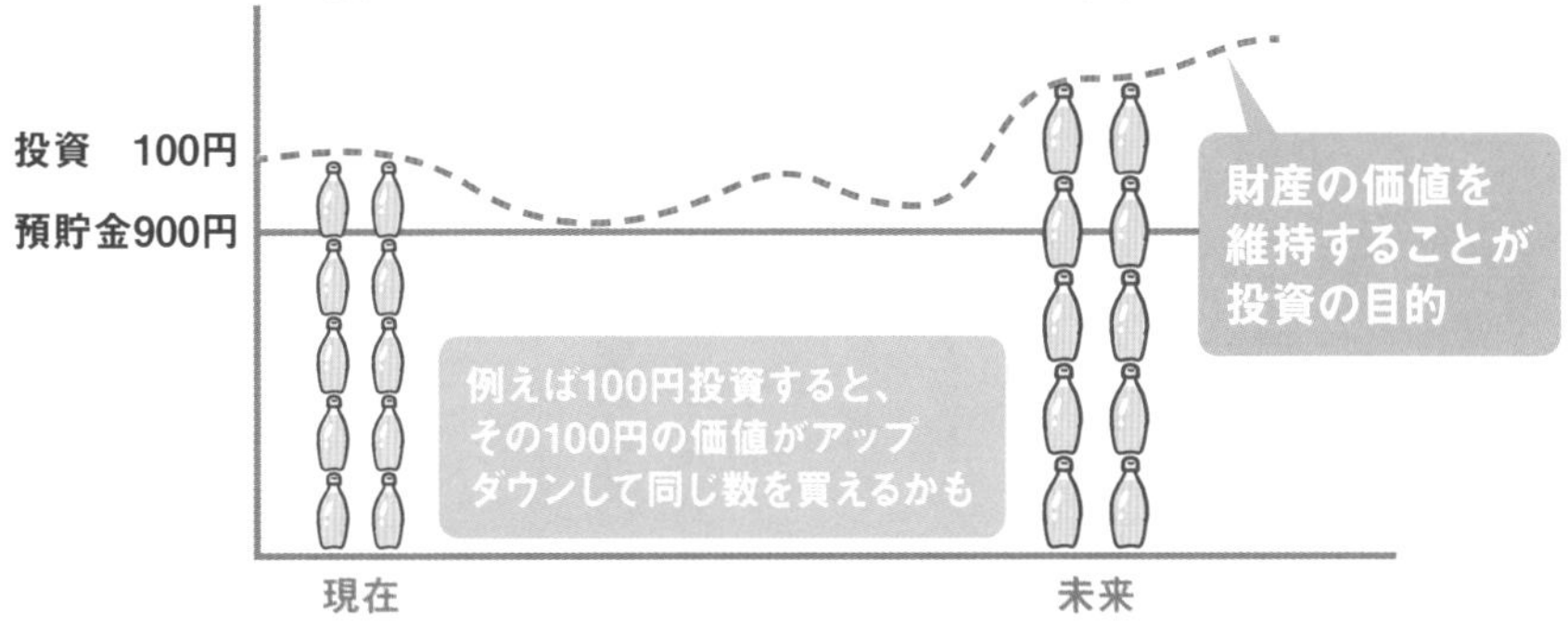

Point

額面ではなく、価値を守るための取り組みなんだね

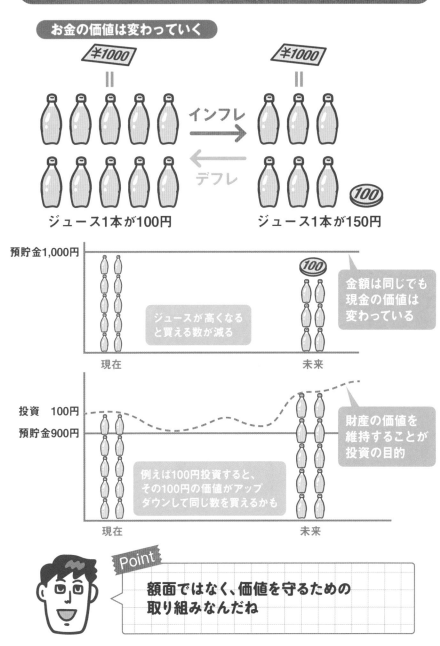

積立投資が主流の時代に

積立は特に初心者に最適！

本書の第1弾は、つみたてNISAがスタートした2018年に刊行しました。これから積立投資が注目されるという気運の中「積立が苦手だと感じる人もいるのではないか」と思いながら執筆しました。その気持ちは今でも変わっていません。

一方で、一般NISAについては、2020年の税制改正では2階建ての案が決まっていましたが、2023年の税制改正大綱では成長投資枠としての位置づけに変わるなど、制度を学習するのがやや大変です。2023年の投資もつみたてNISAを選んでおいた方が良い状況（24ページ参照）もあります。

つみたてNISAの開始がけん引して、積立に向いた投資信託もたくさん出てきました。そして、近年の投資にまつわるご相談は、つみたてNISAとiDeCoを比較するものが多いです。

タイミングを計って購入も可能

積立投資は家計のゆとりにかかわらず、毎月将来のためにお金を取り分けることになるため、苦手な人もいると思いますが、**つみたてNISAは金融機関によっては月100円からの投資も可能です。**

また、ある程度自分で購入のタイミングを計りたいと思っている人も、つみたてNISAやiDeCoなどの積立投資を行いながら、並行してその都度の購入や株式の取引を行うこともできます。

学習コストをあまりかけずに、自動的に続く積立の手法を、金額の調整や他との併用で我が家の味方にできると理想的です。

世は積立時代

積立投資が苦手でも

- 月に100円などの選択肢もある
- 株やスポット(84ページ参照)も併用できる

Point

NISA(つみたて)とiDeCoの
上手な使い方を考えるのが近道に

iDeCoとNISA（つみたて）、どっちを優先？

年齢によって優先順位を決める

近年、「iDeCoとつみたてNISAのどちらを始めるのが良いですか」というご質問が増えています。この2つの制度は、最終的には両方フル活用がオススメです。

一方で、足元の生活もあり、必ずしも活用できる枠すべてを使い切ることが今の家計にとって健やかな選択ではないケースもあります。

1つの目安として「45歳以上はiDeCoを優先、45歳未満はNISA（つみたて）を優先」といえます。

iDeCoに拠出したお金が引き出せるのは原則60歳から。45歳以上の人はあと15年前後でお金が引き出せます。セカンドライフ対策が急務の年代であるという意味でも向いています。

また、年齢を重ねて収入が上がったタイミングなら、所得税の税率も高くなるため、より節税効果を実感しそうです。

今も未来も健やかな家計を

もちろん、20代、30代など早くスタートする方が築ける資産も節税効果の累積額も大きくなります。

しかし、年齢が若い場合、転職、結婚、住宅購入、教育資金などのライフイベントがこれから起こる可能性が高いです。手元にまとまった資金が準備できることも大切でしょう。

そのため、45歳未満はいつでも引き出せるNISA（つみたて）を優先。**逆に45歳以上ではまずはiDeCoを優先。**いつかは両方フル活用できると良いでしょう。

今の家計を守りつつ、将来の安心も得られるよう、優先順位をつけて進めていきたいですね。

優先順位をつけて無理なく続ける

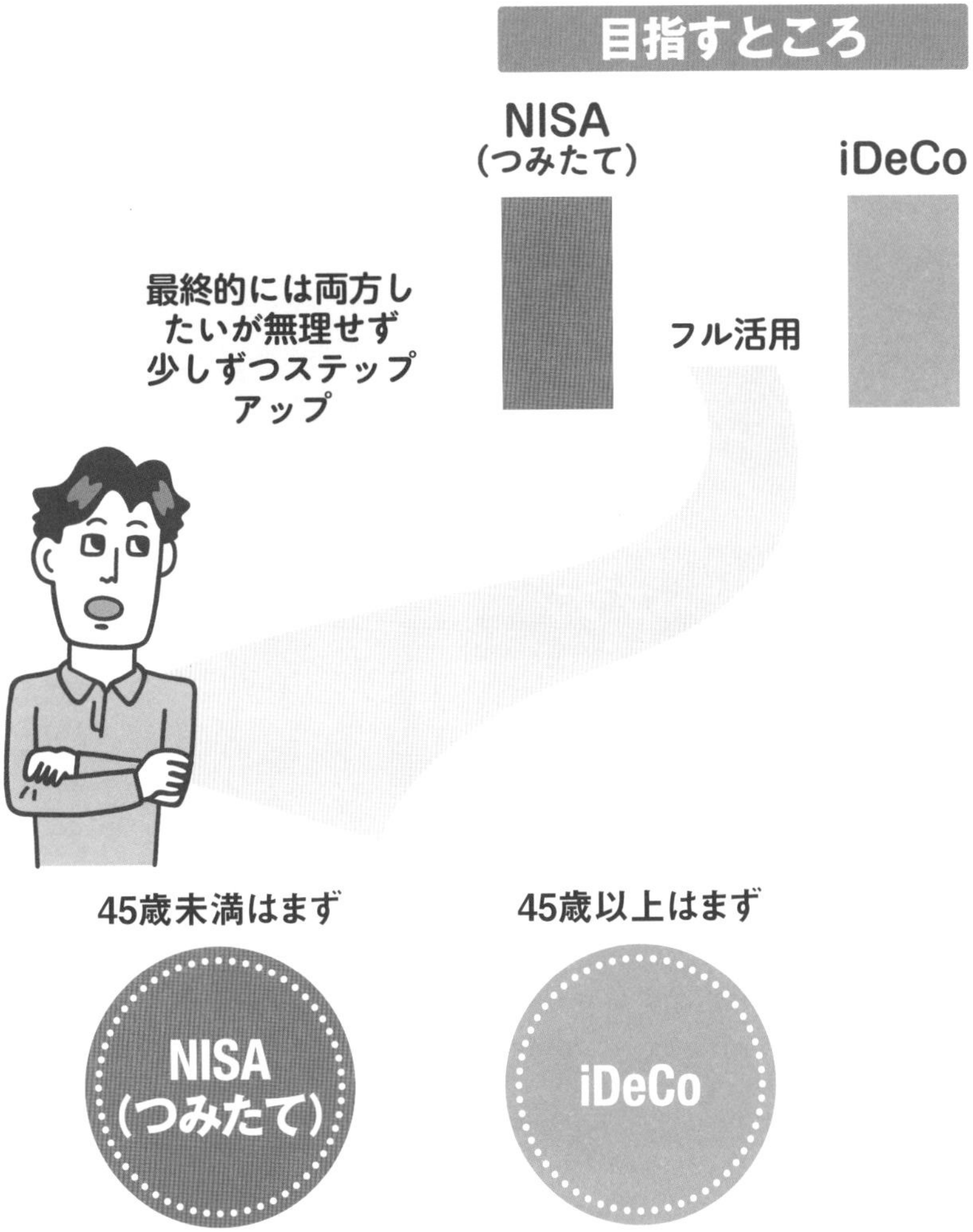

Point

多くのライフイベントを控えている人はNISA（つみたて）からスタートしよう

あなたに最適な資産運用プランは？

資産運用をスタートする前に、自分がどのくらいのリスクならとれるのかを確認することが大切です。

一般的には、貯蓄が多く年齢が若いほど、資産運用でのリスクはとりやすいと考えられます。

主に貯蓄額別に6つのプラン（詳細は第7章）を用意しました。どのプランも基本の運用スタイルはあまり変わりがなく、税制優遇口座の優先順位や商品の比重、投資額の割合などが変わってきます。

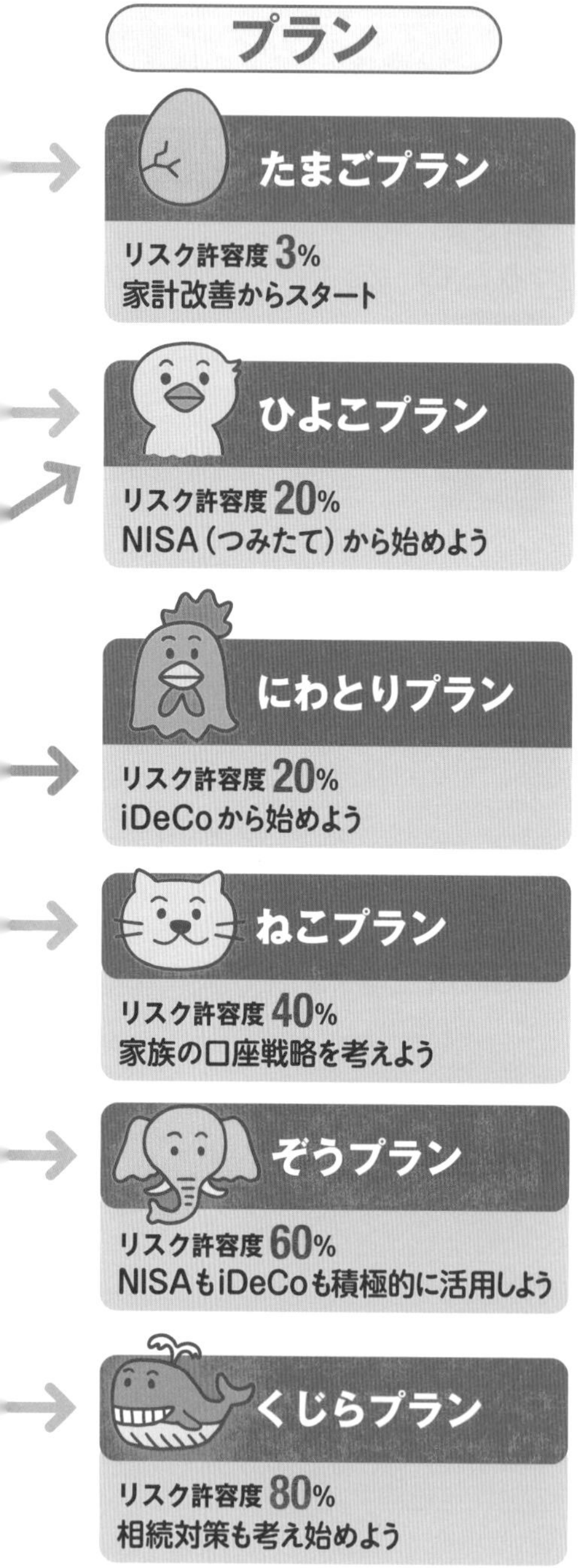

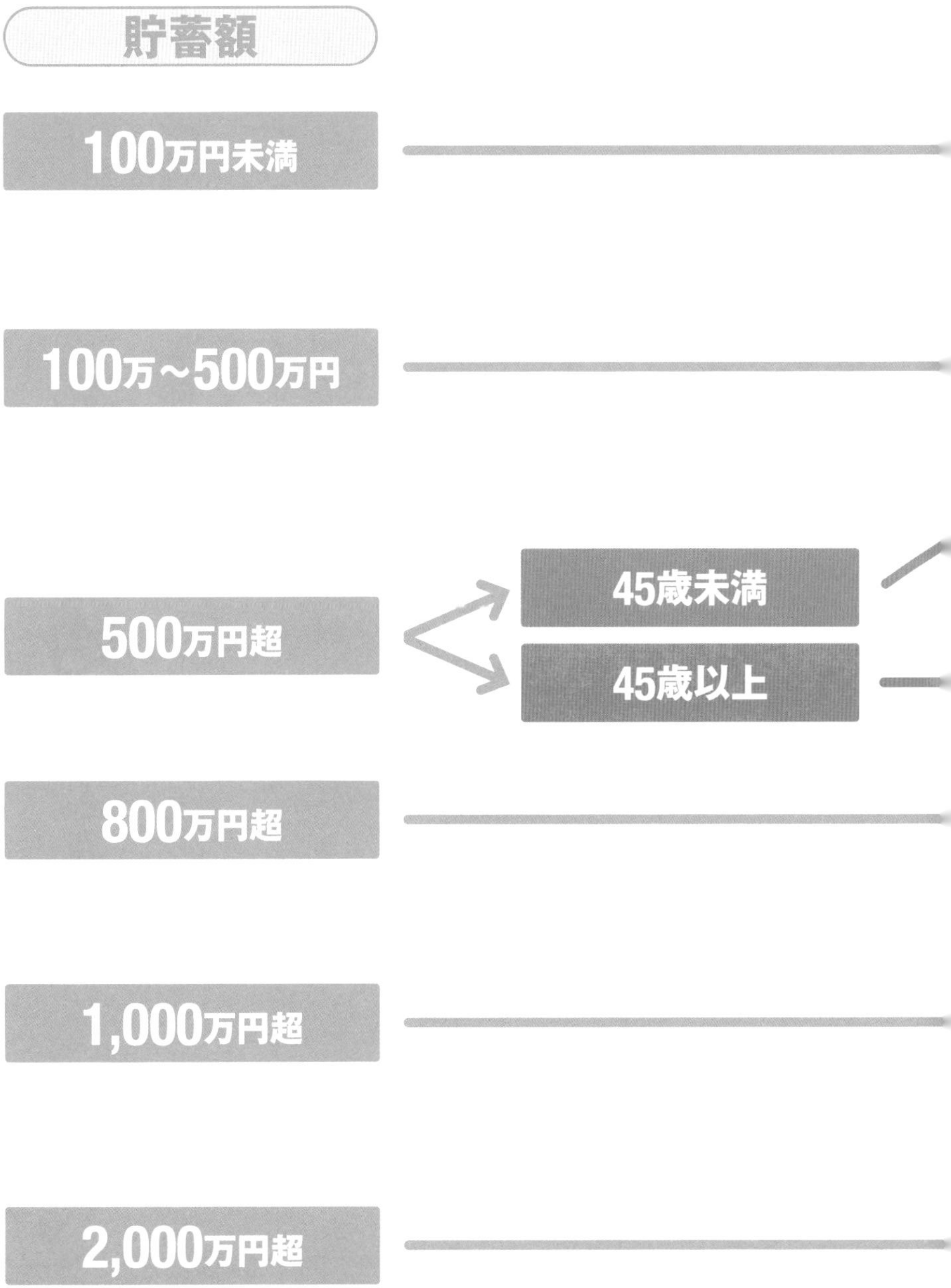
貯蓄額
100万円未満
100万～500万円
500万円超
45歳未満
45歳以上
800万円超
1,000万円超
2,000万円超

超ど素人がはじめる資産運用　第2版

［目次］

巻頭特集 資産運用を始めよう！

第1章 自分の資産を把握しよう

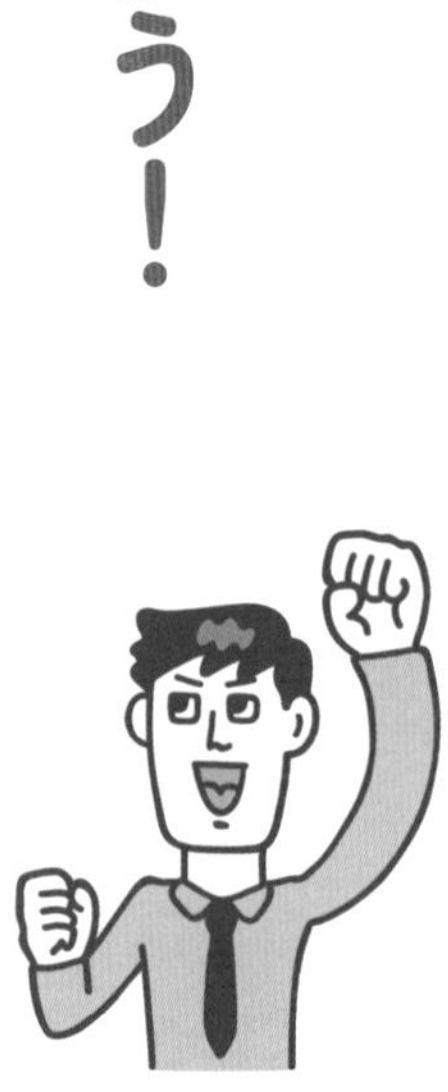

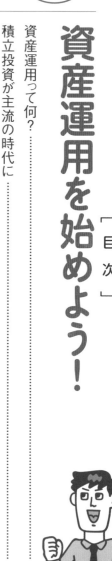

第2章 お金を効率よく貯めよう

第3章 「投資」の選択肢には何がある？

第4章 投資の王道！投資信託の積立とは？

第6章 NISA（つみたて）とiDeCoどっちがいいの？

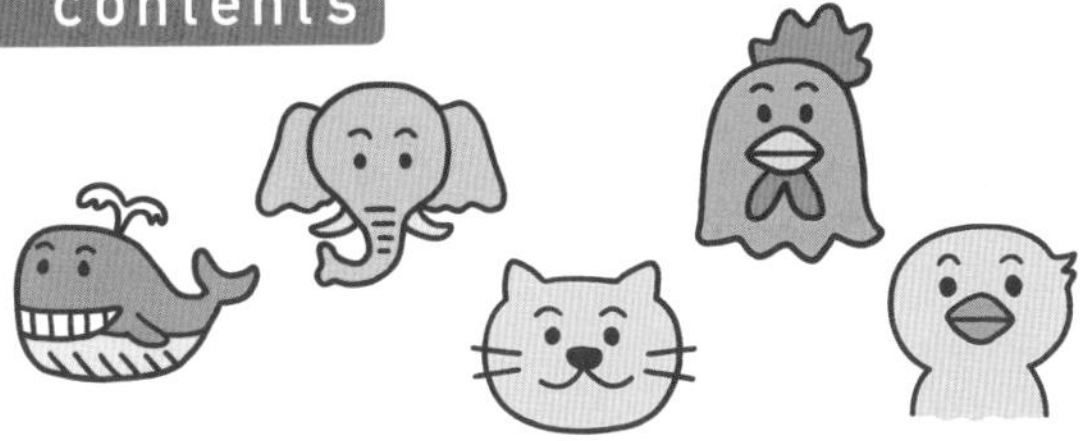

第7章　あなたにぴったり！オススメの資産運用プラン

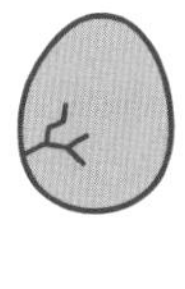

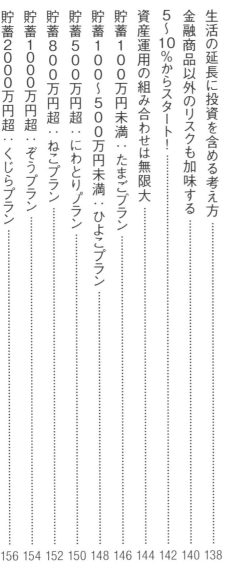

はじめに

資産運用や投資は、お金にゆとりがある人や、数字に詳しい人がやるものだという印象を持っている人もいるかもしれません。

たしかに「すぐに投資をスタートしましょう」とはいえません。生活を見直して、ある程度貯蓄ができる体制を整えて、ようやく投資を検討できる状況になります。

一方で、投資には未経験の人が想像するほどの極端さや、大仰さばかりではありません。例えば、投資によって多額の借金をすることや、逆に仕事を辞めて遊んで暮らせるような利益を上げる、といったことは普通の取引では考えられません。事前に最低限押さえておきたいことを知ってスタートすれば、資産運用は怖いものではありません。

勉強や調査などの手間をかけてまで資産運用を検討するのは、人生の選択肢を狭めたり失ったりすることがないようにするためです。

先々で起こりそうなことをぼんやりとでも見通して、時間をかけて備えておけば、思いがけないことに遭遇しても、金銭面を理由に望まない選択をすることを避けられる可能性があります。

資産運用とは、〝人生全体を通したお金のやりくり〟と考えると、もっと身近に感じられるのではないでしょうか？

預貯金に専念する時期もあれば、しばらく使わないお金を増やすために保有する時期もある。

人生全体で考えると、お金が入る時期と出る時期に波はありますが、その波をコントロールし、平穏に過ごすことを目指すのが資産運用といえます。

資産運用における投資について広くお伝えしつつ、貯蓄のコツや、生活費を抑えるアイデアについても触れています。

本書をお金とほどよく付き合っていくための参考にしていただければ嬉しいです。

読者特典のご案内

本書の読者の皆さんに、資産運用の参考になる特典を差し上げています。詳細については、下記の提供サイトをご覧ください。

▼提供サイト

http://www.shoeisha.co.jp/book/present/9784798177793

※ファイルをダウンロードする際には、SHOEISHA iDへの会員登録が必要です。

※コンテンツの配布は予告なく終了することがあります。あらかじめご了承ください。

CHAPTER 1

第1章

自分の資産を把握しよう

01 人生のお金は凸凹だけど、なだらかにすることを目指す

ギリギリまで稼ぐなら貯蓄は不要？

預貯金や投資などの「資産運用」は、なぜ必要なのでしょうか。極端なたとえですが、亡くなる直前まで使う分のお金を稼ぎ、稼いだ分しかお金を使わないのであれば、貯蓄も投資も必要ありません。

ただ、**実際の人生では、必ずしもお金を稼げる期間や蓄財できる期間と、お金を大きく使うタイミングや切り崩す期間が一致しません。**

今あなたが30歳で、あと35年間稼ぎ、貯蓄できるとします。そこから100歳まで35年間、貯蓄や公的年金で生活すると考えると、貯蓄する期間と切り崩す期間の長さは同じ35年間となります。少なくとも、今得られるお金すべてを今使うと、後半の35年が困りそうですね。

不測の事態を吸収するお金の管理

お金との付き合い方で大切なのは、より多く稼ぐことや、より節約することと、より大きな財産を築くことではありません。

病気、転職、結婚、出産、住宅購入、老後など、お金の出入りとは必ずしも連動せずに起こるライフイベントで、より自由で柔軟な選択を可能にすることが重要です。

収入から一定の貯蓄を行い、金銭的な余裕を作ることは、自分である程度コントロールができます。

ライフイベントは必ずしも私たちのお金の準備を見計らってやってくるわけではありません。

放っておいても発生する人生のお金の凸凹を、自分のお金との付き合い方でなだらかにしていくことを目指すのが、貯蓄や投資など「資産運用」に取り組む大きな目的です。

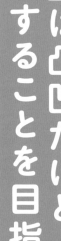

お金の凸凹をならす感覚

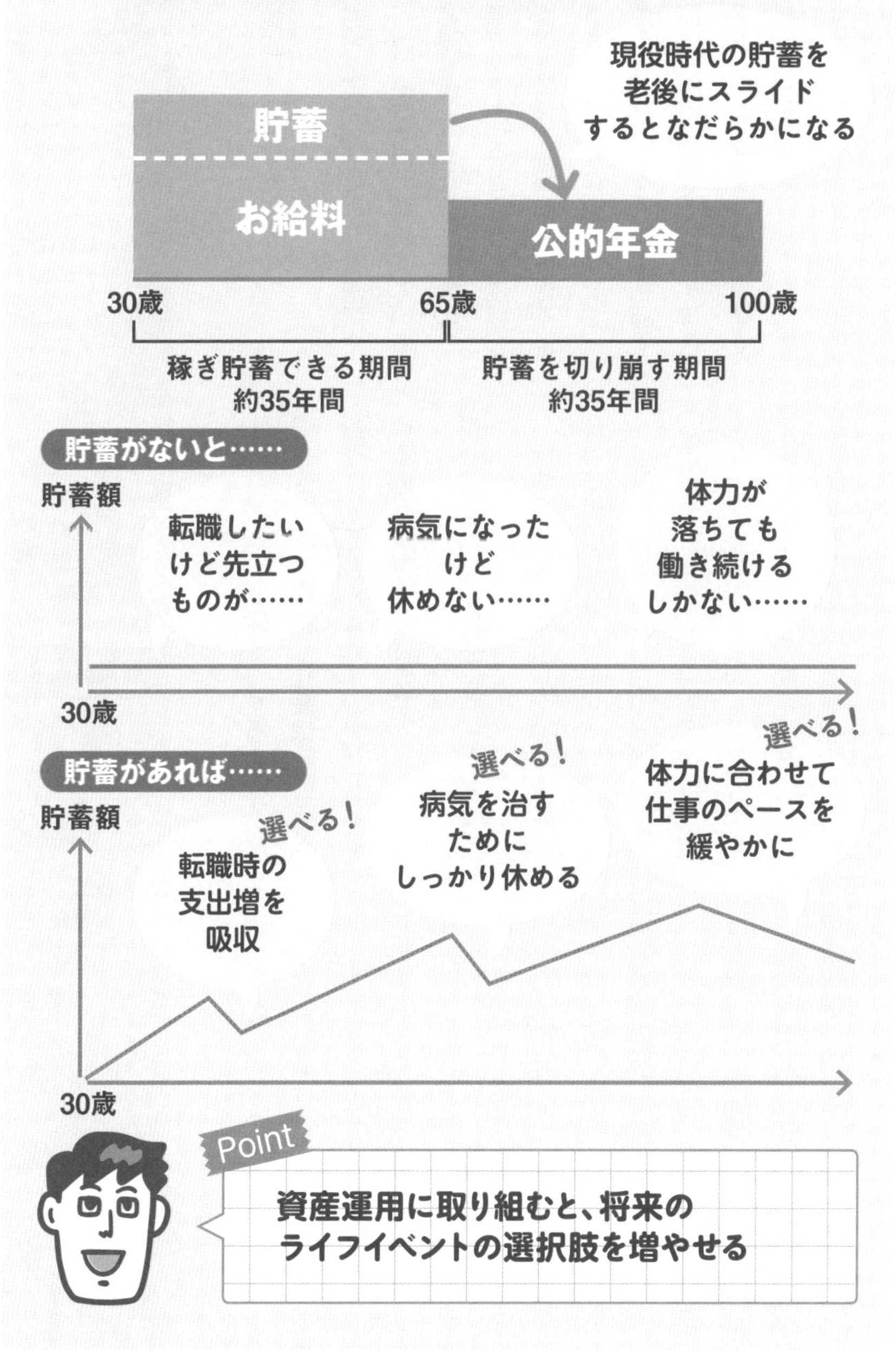

現役時代の貯蓄を
老後にスライド
するとなだらかになる
貯蓄
お給料
公的年金
30歳
65歳
100歳
稼ぎ貯蓄できる期間
約35年間
貯蓄を切り崩す期間
約35年間
貯蓄がないと……
貯蓄額
転職したい
けど先立つ
ものが……
病気になった
けど
休めない……
体力が
落ちても
働き続ける
しかない……
30歳
貯蓄があれば……
貯蓄額
選べる！
転職時の
支出増を
吸収
選べる！
病気を治す
ために
しっかり休める
選べる！
体力に合わせて
仕事のペースを
緩やかに
30歳
Point
資産運用に取り組むと、将来の
ライフイベントの選択肢を増やせる

02 給与明細で把握すべきこと

現状把握に給与明細を使う

　人生のお金の凸凹をなだらかにするためには、**既に自分が持っている資産や保障を把握することが大切です。**準備できているところを確認しなければ、自分が準備するべき不足分を知ることはできないからです。

　既に備えられていることを把握するためには、給与明細を熟読することがオススメ。毎月振り込まれる金額は、あなたの働きに対して勤務先が支払う金額から、税金や社会保険料などを差し引いた金額になっています。どういう働きをすると収入が増えるのか、**税金や社会保険料を支払うことでどんな恩恵が受けられているのかが見えてきます。**

収入をアップさせるヒントも!?

　給与明細は、勤怠、支給、控除の3つで構成されています。

　「勤怠」は、有給休暇を何日取得したかや、残業をどのくらい行ったかなど、あなたのこの1か月の働き方の記録です。この勤怠を基に「支給」額を算出し、税金や社会保険料などの「控除」を差し引いた金額が、銀行口座に振り込まれます。

　「支給」の欄に「資格手当」や「役職手当」などの項目があれば、会社が求めている資格や条件を満たすと収入がアップするチャンスがあることがわかります。

　また「勤怠」と「支給」を照らし合わせて考えると、残業代の時給は通常勤務の時給よりも割増されていることが確認できます。**時間外労働だと25%以上、休日労働だと35%以上の割増をしなければならないと労働基準法で決まっています。**いろいろな発見がありそうですね。

給与明細の構造

残業代は正しく割増計算されているか確認する

給与明細書						
勤怠	出勤	休出	有休	時間外		
	20					
支給	基本給	時間外	資格手当			
	200,000					
控除	社会保険料				税金	
	健康保険 ※2か月目から	介護保険 ※40歳から	厚生年金 ※2か月目から	雇用保険	所得税	住民税 ※2年目以降
	9,810	1,640	18,300	1,000	4,770	6,500
			総支給額	控除合計		銀行振込
						157,980

「令和４年度　概算」

第1章03節参照

第1章05節参照

第1章04節参照

第1章06〜08節参照

資格手当や役職手当が受けられる条件をチェックして収入アップにつなげる!

Point

銀行に振り込まれる金額の内訳を理解することが大切

03 税金の仕組みを知る

会社員も概算の経費が引かれている

給与明細の「控除」欄は大きく「税金」と「社会保険料」に分けられます。このページでは所得税や住民税などの「税金」について整理します。

税金は、額面のお給料に代表される「収入」から、収入を得るための経費を差し引いた「所得」を算出。所得に「税率」を掛けて計算します。

「経費」は自営業の人しか関係ないと思っている人もいるかもしれませんが、**会社勤めの人は「給与所得控除」という自動的に差し引かれる控除があります。**実際に経費にお金を使ったか否かにかかわらず、年収から概算で想定の経費が差し引かれ計算されています。

後払いの住民税に注意

「税率」は所得税が5～45％の7段階。所得が高い人ほど税率が上がります（累進課税制度）。住民税は一律10％です。

給与明細の所得税は、一覧になっている「源泉徴収税額表」などを用いて、概算で毎月お給料から引かれます。そして、年末に1年間の扶養家族の変化など、正確な数字で計算し直し、月々の源泉徴収額が多かった場合は還付されます。12月のお給料を多く感じるケースがあるのはこのためです。

住民税は、前年の所得を基に計算し翌年6月から差し引かれます。所得税はリアルタイムですが、住民税は後払いということですね。

このため、定年退職、転職、休職した翌年などに予想外に高い住民税を支払うケースがあります。**生活が変わる際は住民税の金額や支払いタイミングに注意しましょう。**

税金の計算ざっくり理解

給与明細書						
勤怠	出勤	休出	有休	時間外		
	20					
支給	基本給	時間外	資格手当			
	200,000					
控除	社会保険料				税金	
	健康保険 ※2か月目から	介護保険 ※40歳から	厚生年金 ※2か月目から	雇用保険	所得税	住民税 ※2年目以降
	9,810	1,640	18,300	1,000	4,770	6,500
			総支給額	控除合計		銀行振込
						157,980

税金	
所得税	住民税 ※2年目以降
4,770	6,500

所得税：**概算がリアルタイムで引かれている**

住民税：**確定した金額を後払い ※退職・転職時に注意！**

正式な税金は1年間で計算する

収入（年収）

給与　300万円

↓　給与所得控除　98万円

所得

給与所得　202万円

↓　【控除】
基礎控除　48万円
配偶者控除　38万円
社会保険料控除　45万円　など

課税される所得　71万円

【税率】
所得税　5〜45%
住民税　10%

Point

所得税が概算で引かれているから、12月のお給料が違うことがあるんだね

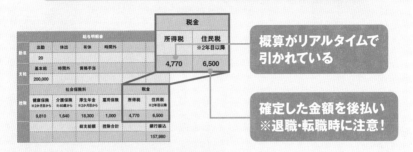

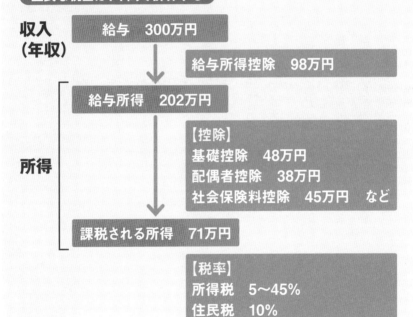

04 転職活動を支える制度

生活費3か月分の貯蓄が必要な理由

給与明細「控除」の欄のうち、社会保険料も見ていきましょう。

社会保険料のうち、キャリアにまつわる「雇用保険」。給与明細の控除欄で差し引かれている金額以上の保険料を勤務先が上乗せして払っています。

雇用保険に加入していることで、転職をする際の求職期間中に基本手当（俗称だと失業保険）などを受け取ることができます。基本手当は退職理由によって、2か月や3か月の給付制限の期間があります。

よく「最低限の貯蓄額」や「投資を始めるためにはいくら貯蓄があると良いですか」というご質問に対し「生活費の3～6か月分程度は預貯金で確保したい」とお話ししますが、それは、転職時の基本手当の給付制限を意識した回答でもあります。

在職中のスキルアップにも雇用保険

雇用保険のお世話になるのは仕事を辞め、求職活動をしている間というイメージが強いかもしれませんが、実は会社に勤めている間にも利用できる制度があります。

「教育訓練給付」という制度は、資格に応じて、その取得にかかった費用の20%や、最大だと70%が雇用保険から給付されます。

例えば、一般教育訓練給付を初めて受けるのであれば、雇用保険に1年加入していれば利用できます。

入社2年目の人が簿記、TOEIC、中小企業診断士、ファイナンシャルプランナーなどの資格を取得する際、予備校や通信講座に支払った金額の20%（最大10万円）の給付金を受けることができます。

キャリアを助ける雇用保険

年齢区分に応じた基本手当日額の上限額(円)

離職時の年齢	上限額(日額)
29歳以下	6,835円
30～44歳	7,595円
45～59歳	8,355円

※令和4年度

基本手当日額の下限額(円)

離職時の年齢	下限額(日額)
全年齢	2,125円

※令和4年度

退職直近の6か月の日割賃金の45～80%程度。さらに下限・上限を満たすように算出。

お給料が高かった人ほど日割賃金の45%に近く、低かった人ほど80%に近くなるような計算をする

教育訓練給付

対象となる講座は厚生労働省の「教育訓練給付制度 検索システム」で検索できる

給付の種類	給付金額・割合	対象となる資格(例)
一般教育訓練	受講費用の20% (上限10万円)	簿記、TOEIC、情報処理技術者試験、中小企業診断士、ファイナンシャルプランナー(AFP,CFPなど)
特定一般教育訓練	受講費用の40% (上限20万円)	自動車整備士、電気主任技術者試験、介護職員初任者研修、社会保険労務士、税理士、ファイナンシャルプランニング技能士
専門実践教育訓練	受講費用の50% (年間上限40万円) 追加:資格を取得し就職した場合 受講費用の20% (年間上限16万円)	測量士補、看護師、准看護師、助産師、保健師、介護福祉士、美容師、理容師、保育士、栄養士、歯科衛生士、調理師、キャリアコンサルタント、歯科技工士、社会福祉士、柔道整復師

Point

雇用保険の恩恵を受けられるのは
転職時だけではないんだね

05 既に備えられている保障を知る

600円で2000円の医療サービス

社会保険料の欄には「健康保険」という項目があります。給与明細に記載された金額の同額を勤務先も負担してくれていて、自分が負担する金額の倍額程度の手厚い保障を受けることができます。

健康保険料を払っていて一番わかりやすい恩恵は、皆さんのお財布にも入っている「健康保険証」です。健康保険証を提示して医療機関を受診すると、実際にかかった医療費の3割の負担で済みます。皆さんが窓口で600円を支払う時、実際には2000円相当の医療サービスを受けているということですね。

民間の医療保険を検討する前に

日本は国民全員が健康保険に加入する「国民皆保険制度」を導入しています。諸外国と比較しても、医療保障の体制が手厚いです。

そのため、民間の医療保険を検討する際は、既に加入している公的な医療保険（健康保険）の内容を理解して、足りない部分を補うつもりで商品選びを行うのが良いでしょう。

例えば、ひと月に1つの医療機関に支払う医療費には上限が定められています（高額療養費制度）。超えた金額は手続きをすると払い戻しされます。勤務先によっては、上限額ひと月2万円など、より手厚い付加給付を行っている場合もあります。

怪我や病気で4日以上働けなかった場合には「傷病手当金」が給付されます。お給料の2／3程度の日額を通算1年6か月受給できます。

上限額や給付金、手持ちの貯蓄で足りない分だけ民間保険を検討すると無駄がなく安心も得られます。

意外と手厚い健康保険

高額療養費制度（69歳以下）

※要注意※
公的医療保険の治療などの上限額を定めるもので、差額ベッド代などは上限額の計算に含まれません。

年収の区分（概算）	ひと月の自己負担上限額
約1,160万円～	252,600円＋（医療費－842,000）×1%
約770～1,160万円	167,400円＋（医療費－558,000）×1%
約370～770万円	80,100円＋（医療費－267,000）×1%
～約370万円	57,600円
住民税非課税者	35,400円

健康保険の窓口で「限度額適用認定証」をあらかじめ発行してもらうと、窓口での支払いも自己負担上限額までに抑えられる

傷病手当金は「通算」1年6か月に

※要注意※
この制度は会社員の人は利用できますが、自営業など国民健康保険に加入する人は、通常は利用できません。

連続して3日休んだあとの4日目から支給される（待期3日）

令和4年1月1日に制度改正があり、支給開始日から1年6か月だった支給期間が、通算で1年6か月支給されるように

待期3日間の考え方

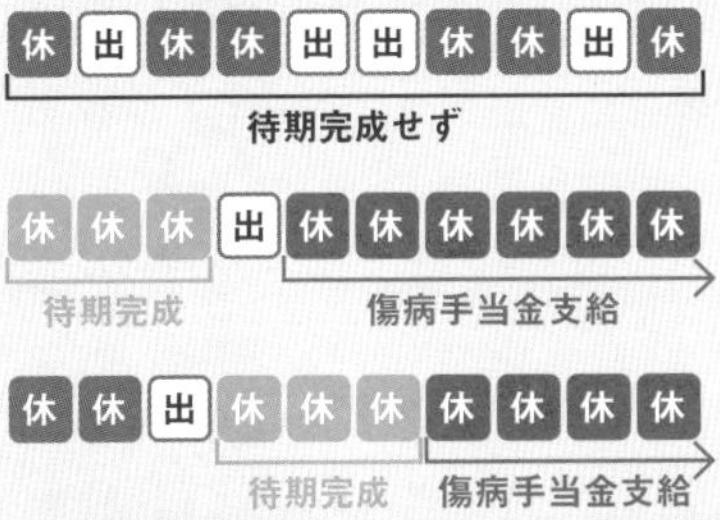

支給期間の考え方

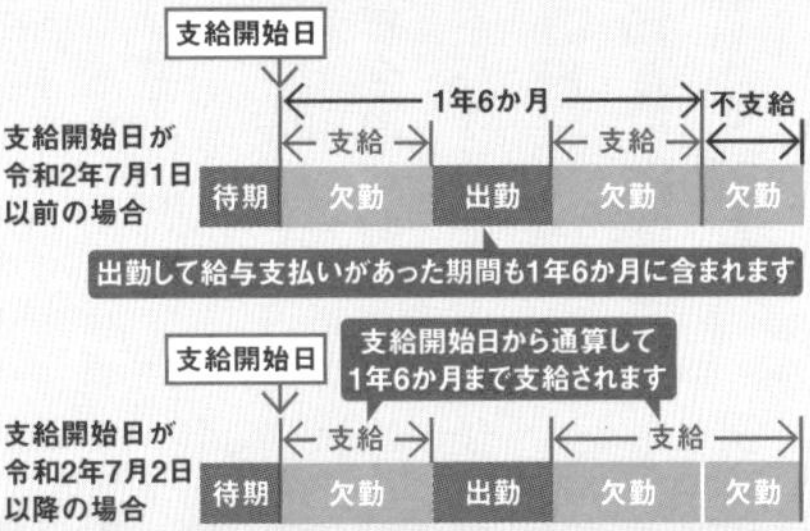

【直近12か月の平均月収が約30万円の人の場合】
30万円 ÷ 30 × 2/3 ≒ 6,670円
1日あたり約6,670円が支給される

Point

健康保険で受けられる制度を
知ってから民間保険を検討しよう

06 年金受給、平均額はいくら？

働き方で違う年金制度

原則65歳から受給できる公的年金（老齢年金）ですが、働き方によって受給額が大きく変わります。

会社勤めの人は厚生年金、自営業などの人は国民年金に加入しています。厚生年金は国民年金を含む2階建てにたとえられることが多いです。

国民年金に40年間加入していた人が1人で受給できる年金額は約78万円、月額に直すと6万4814円（令和4年度）です。

生涯の平均年収が約530万円の夫（厚生年金）と専業主婦だった妻（第3号被保険者として国民年金と同水準）の夫婦で受給できる年金額は約260万円、月額に直すと21万9593円（令和4年度）です。

目安は月5万円と月10～15万円

国民年金に必ずしも40年間加入していないケース、厚生年金の年収の違いによるばらつきなどを考えると、**国民年金加入者は月5万円程度、厚生年金加入者は月10～15万円程度を大雑把な受給の目安にできそうです。**

夫婦がフルタイムで共働きした場合は月20～30万円（厚生年金×2名）、片方だけフルタイムで働いた場合は月15～20万円（厚生年金＋国民年金）、共に自営業で働いた場合は月10万円（国民年金×2名）といった具合です。単身者だとそれぞれ1名分で計算する形ですね。

年金の受給権がある人の分布を図にしました。平均だけでなく割合が多い金額帯も参考になるでしょう。

また、日本年金機構の「ねんきんネット」もぜひ活用ください。加入実績の確認や、働き方が変わった場合の受給見込額の試算もできます。

年金どのくらいもらえてる？

厚生年金の受給権者数（月額）

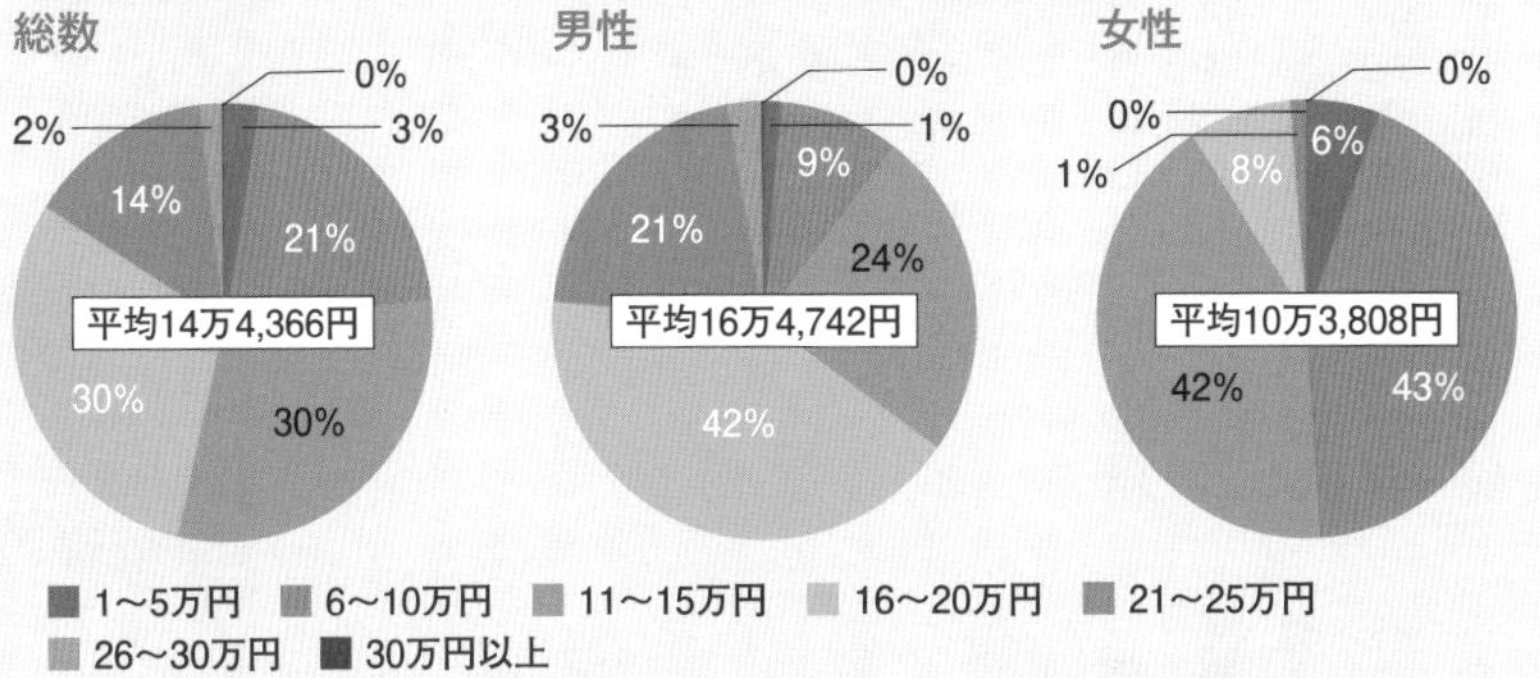

令和2年度　厚生年金保険・国民年金事業の概況（厚生労働省年金局）をグラフ化

国民年金の受給権者数（月額）

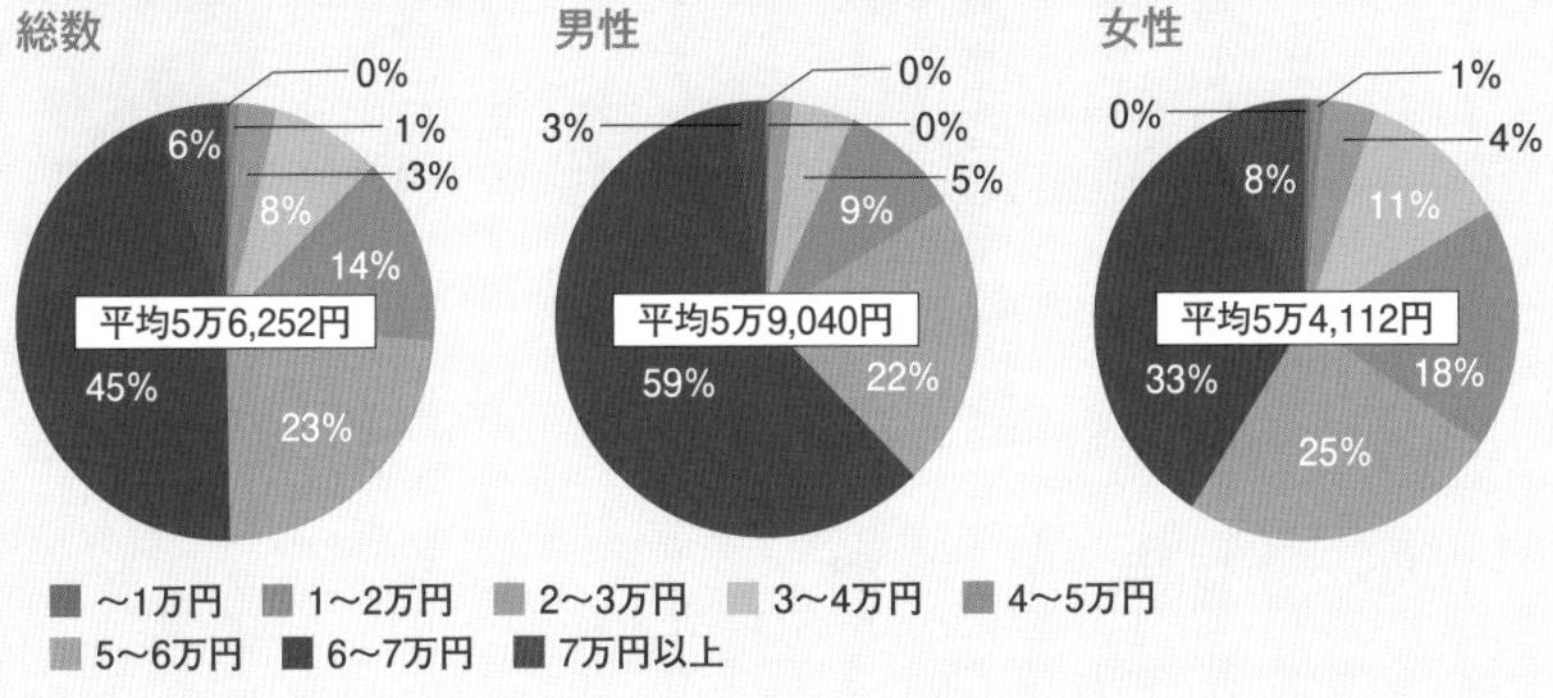

令和2年度　厚生年金保険・国民年金事業の概況（厚生労働省年金局）をグラフ化

Point

自分がどれくらいもらえるのか
詳しく知りたいならねんきんネットで
試算してみよう

07 年金って払い損だと思ってない？

公的年金はずっともらえる

仮に月10万円の公的年金が受給できると、１年で１２０万円、10年で１２００万円、20年で２４００万円受け取ることになります。亡くなるまで受給できるため、長生きすると受給額も大きくなりますね。

自分で手元に２４００万円を準備して、月10万円を使っていくと、20年間で貯蓄が底を尽きます。**着目したいのが、公的年金は「無期限」の制度、自分の貯蓄は使い切ったら終わりの「有限」の備えという点です。**有限の備えが潤沢にあっても減っていくと不安が伴いますし、無期限の備えをふんだんに準備するには財源の問題があります。備えに２種類の性格があることを知って、使いこなすことが大切です。

長生きの保険と現役時代の保険

公的年金は損得ではなく保険として考えるのが適当といわれます。何歳まで生きるかはわからないため、有限の備えだけで過不足なく用意するのは現実的ではありません。自分の財力以上に長生きした場合は無期限の公的年金（老齢年金）で支えてもらえるという考え方です。

ちなみに、月収20万円の会社員が支払う厚生年金保険料は月額１万８３００円（令和４年度）。22歳から60歳まで厚生年金、学生の２年間は国民年金に加入したら保険料の支払い総額は約８７４万円です。この人の受給年金見込額は約１２８万円。実は７年以上受給すると元もとれます。

さらに、障害を負ったり（障害年金）、家族をのこして亡くなった場合（遺族年金）にも、公的年金は支給されます。

意外と元もとれてしまう？

↓

国民年金保険

払 月16,590円(令和4年度)× 40年 = 約796万円

受 年金受給額　年約78万円

796万円 ÷ 78万円 = 約10年

11年以上受給すると払った以上を受け取ることに

厚生年金保険（生涯平均月収20万円）

払 月18,300円 × 38年

＋ 国民年金2年 = 約874万円

受 年金受給額　年約128万円

874万円 ÷ 128万円 = 約6.8年

7年以上受給すると払った以上を受け取ることに

加えて 障害年金 や 遺族年金 の保障もある

Point

税金や会社負担の保険料でも補填され、
払った以上に受け取れるケースも多い

08 変化する年金制度の仕組み

繰り上げたり繰り下げたり

原則65歳から受給できる公的年金（老齢年金）は、60歳まで前倒しして受け取る「繰上げ受給」や、75歳まで後ろ倒しして受け取る「繰下げ受給」という選択があります。

繰上げ受給を行うと、ひと月前倒すごとに0・4％の減額、繰下げ受給を行うとひと月後ろ倒すごとに0・7％の増額となります。

月に10万円・年間120万円受給できる予定だった人が60歳から受給すると年間91・2万円（120万円の24％［0・4％×12か月×5年］減）、75歳から受給すると年間220・8万円（120万円の84％［0・7％×12か月×10年］増）になる計算です。

繰り下げて後悔するのはあの世

前倒すと、年間の金額は少なくなりますが、受給期間が長くなり累積額は大きく、後ろ倒しにすると年額は多くなりますが期間が短くなり総額が少なくなる可能性があります。

ただ、家計のことを考えると、累積額が大きいことよりも、年単位で使える金額が大きい方が、住まいや介護などの選択肢が広がる可能性があります。受給できる金額が年間91・2万円と、年間220・8万円では、選択も変わりそうですね。

できるだけ自分の資産で生活し、受給のタイミングを遅らせ増額された額を受け取るのが「長生き保険」の上手な使い方かもしれません。

「繰り上げて後悔するのはこの世、繰り下げて後悔するのはあの世」という言葉があります。結果的に累積額が少なくても後悔するのはあの世なので苦しくはないかもしれません。

年金の繰り上げが少し変わりました

損得で判断するものでは
ありませんが、気になる人は
次のグラフを参考にしよう

累積額がクロスする年齢（これまで）

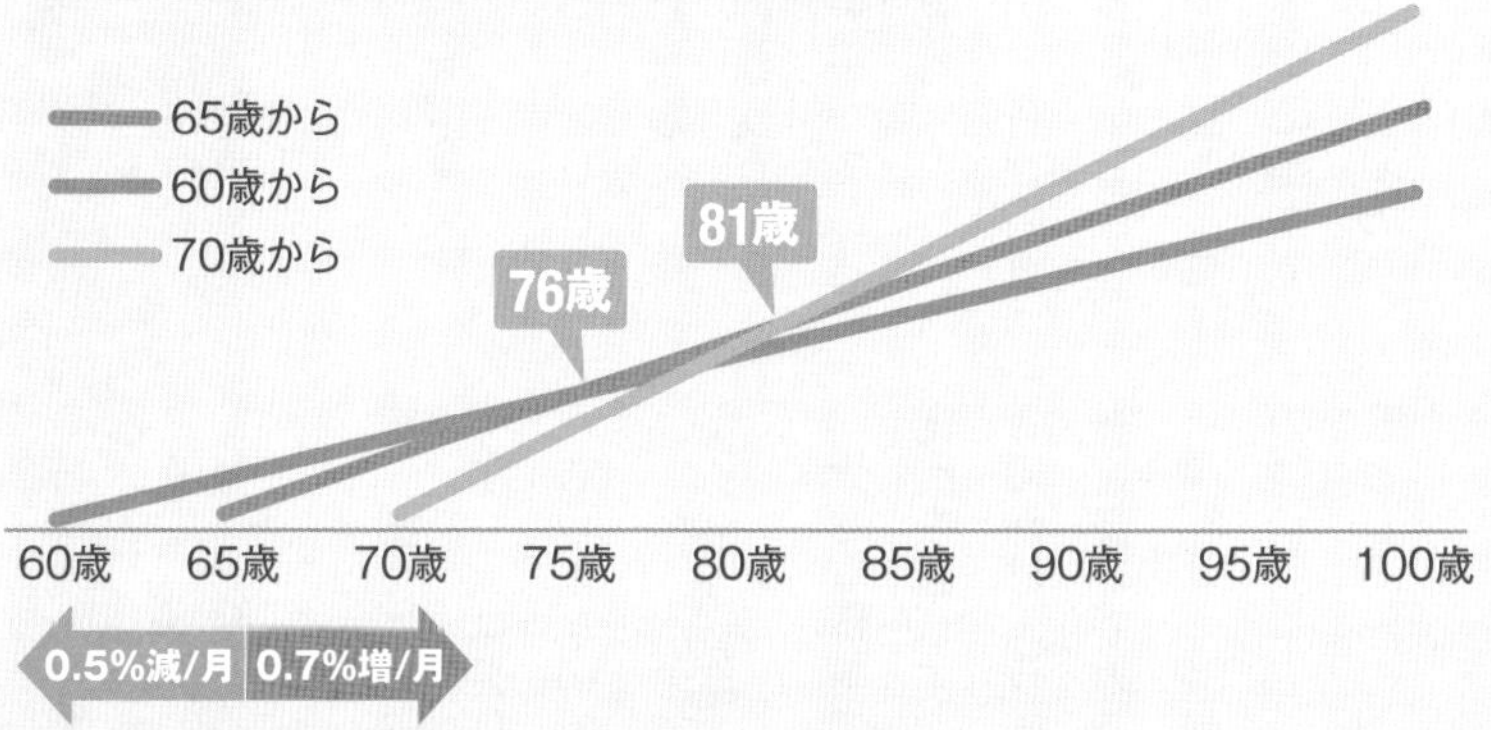

累積額がクロスする年齢（2022年4月～）

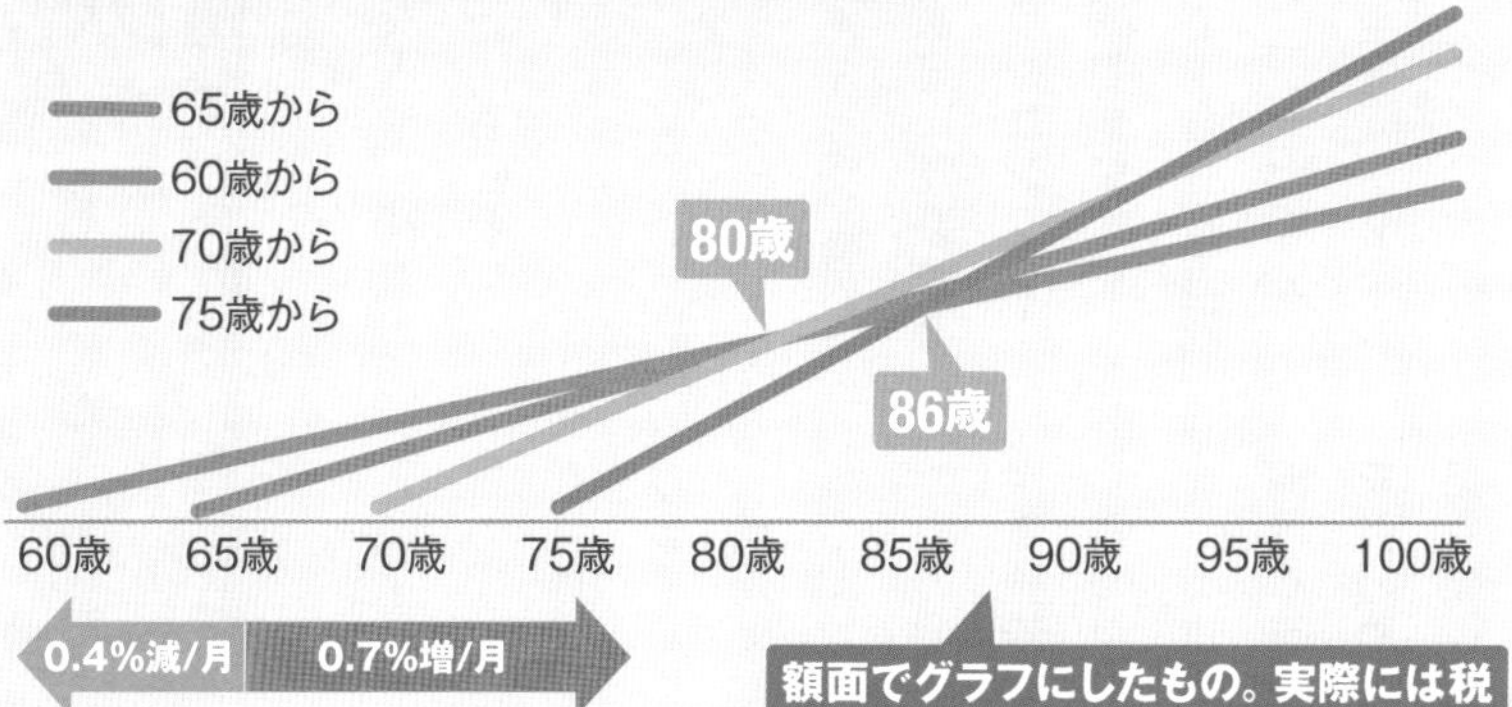

額面でグラフにしたもの。実際には税や社会保険料が差し引かれ、クロスする年齢は人によりばらつきがある

Point

できるだけ自分の資産でまかない、受給時期を遅らせると年額は増える

０９ 老後資金２０００万円を鵜呑みにしてはいけない

本当に困るのは貯蓄が底をつきる時

２０１９年に「老後資金２０００万円問題」が話題になりました。そのため、65歳までに２０００万円を貯めなければいけないと思っている人も多いかもしれませんね。

18ページでは、人生のどこかのタイミングで大きなお金を貯めることが大切なわけではないとお話ししました。私たちの家計が本当に困ってしまうのは、収入、支出、資産のバランスが崩れ、必要な支払いができなくなる（貯蓄が底をつく）局面です。例えば節約上手な人や、70歳まで働く人は２０００万円も必要ないかもしれないのです。

我が家の数字で考える

大きな貯蓄だけでなく、長く働く、支出を減らすなどに本当に効果があるのかは、ライフプランニングシートを書いてみると実感できます。

今回は、60歳時点で１０００万円の貯蓄と１５００万円の退職金、６００万円の個人年金保険がある人を例に考えてみました。この人は対策前だと69歳にお金が底をつきてしまいます。ただ、65歳まで働くこと、月の生活費を５万円削減することで、94歳まで貯蓄が残せる計算になります。

老後資金２０００万円の提言は、あくまで統計上の平均値からなされたものですが、私たちは我が家の数字で整理してみることが重要です。

このシートは最初から正解の１枚を作ることが目的ではありません。**何枚も書いて自分ができるバランスを見極めたり、状況が変わった時に書き直したりして対策を模索するのに役立てると良いでしょう。**

簡易版ライフプランニングシート

対策前（例）

保険会社に確認

過去の年間平均貯蓄額を出してみる
（現在の貯蓄額÷勤続年数）

	年齢	60歳	61歳	・・・	65歳	66歳	・・・	69歳
プラス	個人年金保険	600						
	貯蓄	1,000						
	退職金	1,500						
	公的年金				240	240	・・・	240
マイナス	住宅ローン	800						
	生活費	360	360	・・・	360	360	・・・	360
合計		1,940	1,580	・・・	380	260	・・・	△100

会社の総務部や
就業規則を確認

銀行に確認

ねんきんネットで確認

通帳やクレジットカード明細を確認

対策後（例）

	年齢	60歳	61歳	・・・	65歳	66歳	・・・	94歳
プラス	個人年金保険	600						
	貯蓄	1,000						
	退職金	1,500						
	公的年金				240	240	・・・	240
	給与	200	200	・・・				
マイナス	住宅ローン	800						
	生活費	300	300	・・・	300	300	・・・	300
合計		2,200	2,100	・・・	1,740	1,680	・・・	0

自分だったら何歳
まで働けるかな？

どのくらいの節約なら
無理がないかな？

Point

読者特典(16ページ参照)の
簡易版ライフプランニングシートに
書き込んでみよう

COLUMN

人生のお金は総合力

資産形成をする方法は大きく3つともいわれます。1つ目は収入を増やすこと、2つ目は支出を減らすこと、3つ目は手元の資金を適切な形で保管・運用することです。

資格取得や副業などで今の年収を上げることも収入増ですし、長く働き人生の累積の収入額を増やすことも収入増です。

支出を減らす方法には手間がかかるもの、仕組み化するもの、様々ですが、その時の自分が気乗りする方法を選ぶことが大切です。長く続けることができるなら、たとえ1回あたりは少額でも累積の削減額は大きくなります。

貯めたお金は適切な資産の形・場所で保管します。本書のテーマなので、以降じっくり考えていきましょう。お金と上手に付き合うコツは、これら3つを少しずつ底上げしていくことです。不思議なのですが、支出を減らすことに取り組んでいると手元に資金が生まれ、資産運用にも興味が湧きます。投資を始めると、経済に関心が湧き、仕事の内容が良くなると話す人もいます。収入の増加にもつながるかもしれませんね。

今は投資が苦手だと思っている人は、まずは節約から、節約に興味が持てない人は収入アップにつながる仕事への没頭など、興味を持てるところから始めても十分です。

3つともは得意になれなくても、そのうち2つが大得意な人で、お金に困っている人は見かけません。また、突出してどれかが得意でなくても、3つともバランス良く取り組めている人も、やはりお金に困っている様子を目にしません。

ただ「稼げば良いんでしょ」と思い、高給なのに財産形成ができない人もいるため、３つの要素の「総合力」で自分の人生のお金を守っていくことを意識したいですね。

CHAPTER 2

第2章

お金を効率よく貯めよう

01 人生には3大貯め期がある

穏やかの目安「ずっと75%程度」

65歳以降で受け取る公的年金（老齢年金）は、その時現役で働いている人のお給料の半分程度を給付することを目安の1つにしています。

現役時代に高給だった人は半分よりは少なく、収入が低かった人は半分など多めの割合で受け取れるというグラデーションがあります。

そう考えると、現役時代の収入の25%程度を目安に貯蓄できると、概ね穏やかな消費ができそうです。現役時代は入ってくるお給料の75%（お給料100%－貯蓄25%）程度、老後は公的年金と貯蓄を合わせた75%（公的年金50%+貯蓄25%）程度使えるというイメージです。もちろん、働く期間の長さや、大きなライフイベントなど人によって変動要素があります。大雑把な目安として考えてみてください。

現役時代にも凸凹がある

現役時代と一口にいっても、貯めやすい時期と貯めにくい時期があります。**1．独身時代、2．共働き時代（子どもが生まれる前）、3．子どもが独立してから定年退職するまでの3つの時期は「人生の3大貯め期」**と呼ばれ、お金を貯めやすい時期にあたることが多いです。手取りで入ってきたお金の20～30%程度貯められると理想的です。

子育て期は貯蓄を増やす難易度が上がります。**しいていうなら、子どもが小中学生の時期をミドル貯め期として手取りの10%、それ以外の時期は5%程度を貯められたら優秀です。**貯蓄を減らさなかった自分を褒めてあげることも大切。貯めやすさの凸凹も、ならせると良いですね。

貯蓄計画の目安

貯蓄目安のイメージ図

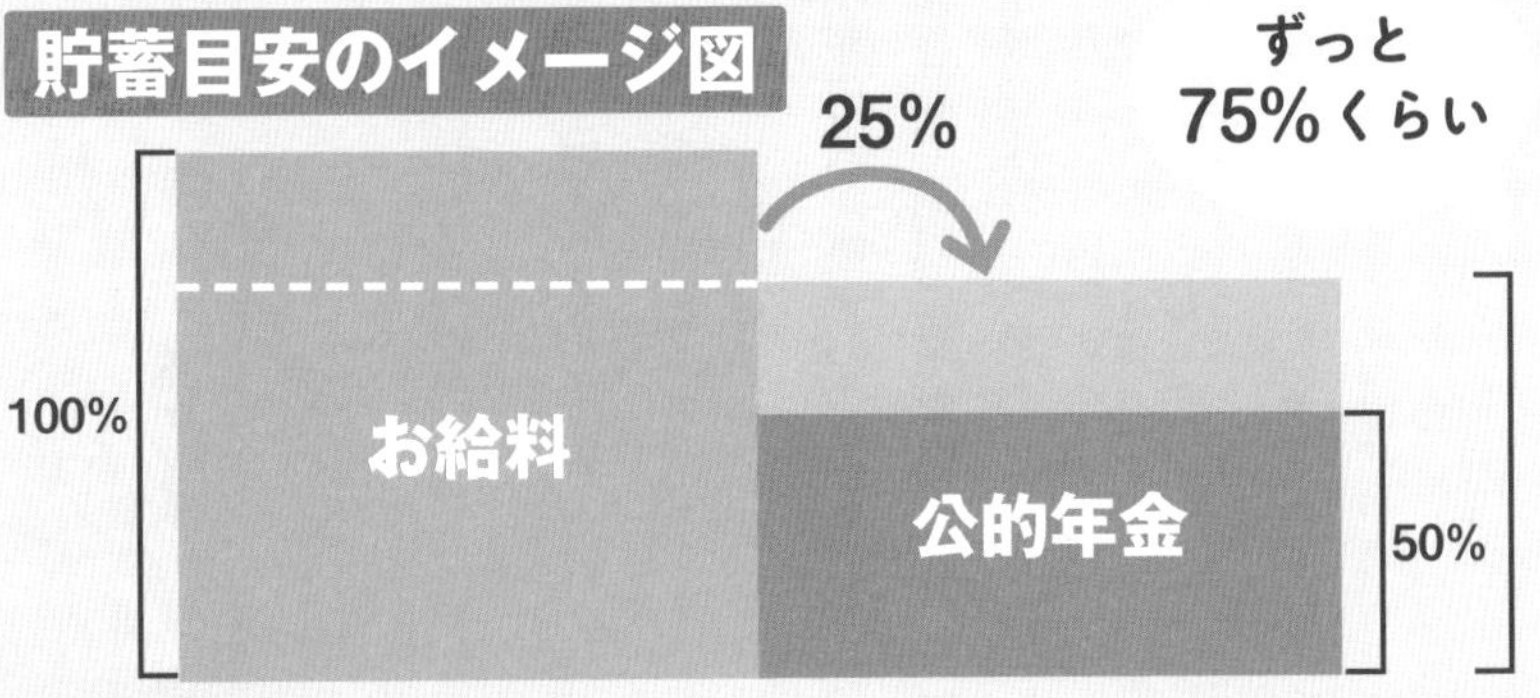

人生の3大貯め期

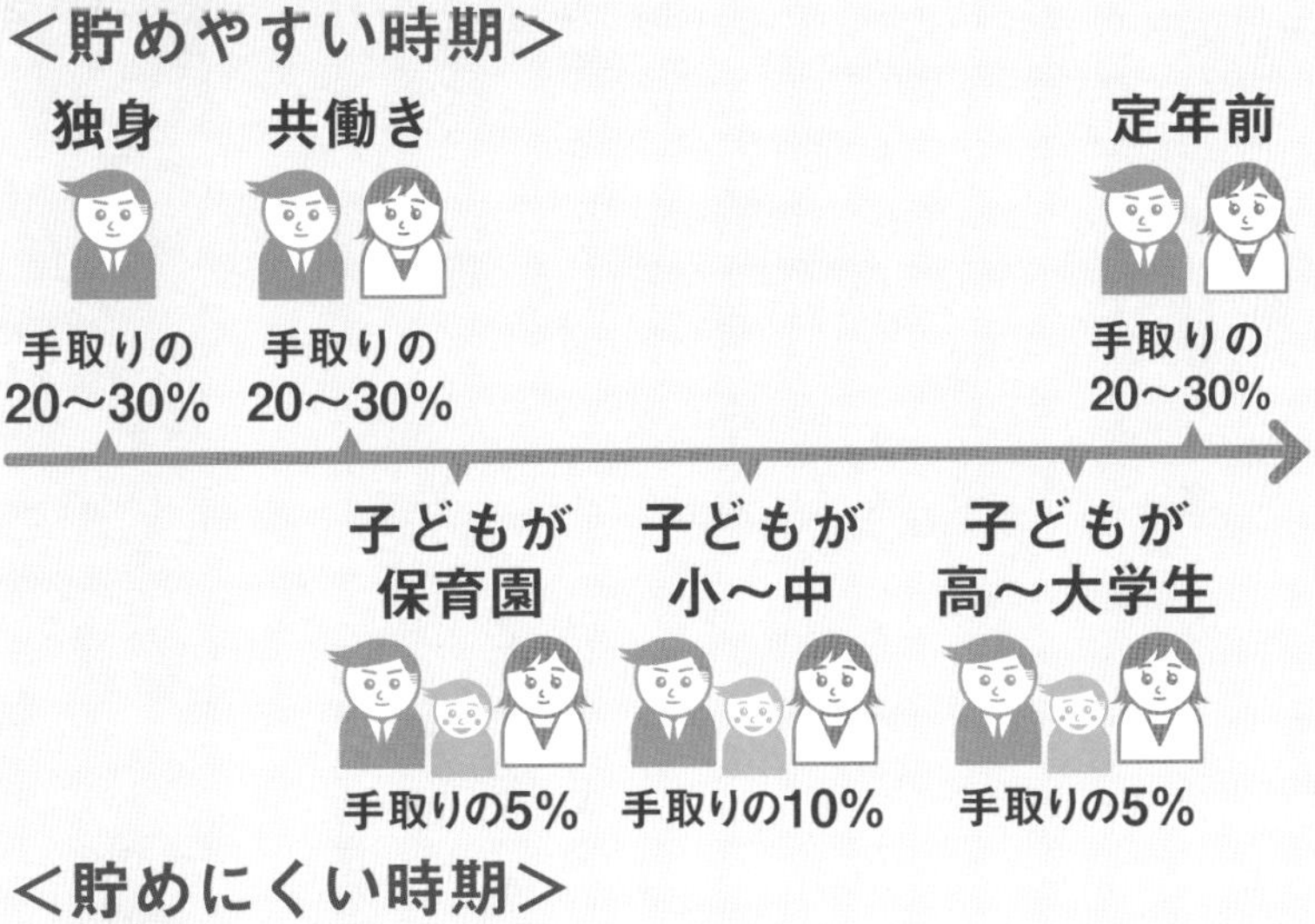

Point

貯めやすい時期と貯めにくい時期を考慮して貯蓄計画を立てよう

02 お給料が入ったらすぐにお金を分けよう

貯めている人は先取り貯蓄

前ページで、何となくの貯蓄の目安割合は見えてきましたが、どのように貯蓄をすると良いでしょうか。

貯蓄上手が何人か集まって話をすると、秘訣として絶対に挙がってくるのが「先取り貯蓄」です。

先取り貯蓄とは、お給料が入ってすぐ、貯蓄分を取り分けて、残った金額で生活費をまかなう貯蓄方法です。お給料が入り、できるだけ節約しながら使い、余った分を貯蓄するのではなく、先に貯蓄分をよけるため「先取り」といいます。

先取り方法はいろいろ

先取り貯蓄する方法はいろいろあります。例えば、インターネット銀行の中には、毎月定額を自行に入金することを手数料無料で行ってくれる「定額自動入金」サービスを提供している銀行もあります。他行に毎月振り込む定額自動「送金」だとお金がかかることが多いですが、「入金」は通常手数料無料です。勤務先の財形貯蓄や、銀行の積立定期なども選択肢になりますね。

毎月のお金を残すことが難しい人は、まずはボーナスに手をつけないという方法で先取り貯蓄の勢いをつける方法もあります。

以降のページで紹介するｉＤｅＣｏも、強制力が強い先取り貯蓄といえます。先取り（拠出）したお金は投資信託だけでなく、定期預金として運用する方法もあります。

保険で貯蓄を兼ねる終身保険や学資保険も先取り貯蓄といえます。保険は、掛金の一部が保障に使われますが、つい使ってしまうことを避ける効果がある点は共通しています。

貯めるコツは「先取り」

お給料 － 生活費 ＝ 貯蓄 ×

お給料 － 貯蓄 ＝ 生活費 ○

余ったら
貯めようでは
貯まらない

自動で勝手に
やってくれる
ものが良いね

先取り貯蓄の方法

- 定額自動入金
- 財形貯蓄
- ボーナス全額貯蓄
- iDeCo
- 保険（終身保険、学資保険、個人年金保険）

Point

苦手な人も仕組みにすると貯めやすい

03 毎月の支払いを見直そう

固定費と変動費

家庭の支出は、毎月の支払いがほぼ同じ「固定費」と、月ごとに額が変わる「変動費」に分けられます。

住居費、通信費、保険料は代表的な固定費で、家計の「3大固定費」と呼ばれます。食費、交際費、被服費などは変動費にあたります。

私は、固定費、変動費の区分けは違う視点もあると考えています。例えば、口座引き落としをされていて、**疑問を感じずに毎月支払っているものは固定費的**。日々お財布から支払いをし、**気持ちが高ぶると買ってしまいがちな感情や行動に左右される支払いは変動費的**という分け方です。

光熱費については、電力プランの見直しなどで変わる部分は固定費的で、こまめに電気を消すなどの行動で金額が変わる部分は変動費的です。

固定費の見直しの方が軽ストレス

こうして分けてみると、節約するなら、固定費的な費用から見直しをした方が、ストレスは軽そうです。

変動費の場合、日々の買い物や、買いたいと思った感情を都度抑えながら節約することになります。固定費であれば、引き落としで無意識に払っている部分をコストカットするため、**一度見直すと節約行動は自動的に継続されます。**

住居費なら、住宅ローンの借り換えや周辺相場を確認して家賃交渉。保険料であれば、契約時よりも貯蓄が増えた分については減額や解約などの見直し。通信費であれば、不要なオプションの解約や適切なデータ容量の選定、格安スマホの検討などが、方法として挙げられます。続けやすい内容を選びたいですね。

固定費と変動費

こちらから手を
つける方がラク

固定費

- 毎月支払額があまり変わらないもの
- 無意識に毎月支払っているもの（口座引き落としなど）

住居費　通信費　保険料　サブスク契約

変動費

- 月によって支払額が変わるもの
- 気持ちや行事で消費行動が変わるもの

食費　交際費　被服費

Point

1年に1回くらいは
固定費の見直しをしよう

04 銀行選びはとっても重要

意外とサービスに違いがある

お金の体制を整えるには、銀行口座にこだわることが欠かせません。

会社から推奨される口座や、学生時代に親が作ってくれた口座をそのまま使うことも多いですが、目的に合わせた銀行選びを意識すると、お金を有利に管理しやすくなります。**特に貯蓄と生活費を支払う口座は分けた方が良いでしょう。**

実は銀行によって特色は様々です。ＡＴＭでの引き出しや他行への振込などの手数料に優れた新生銀行、普通預金金利がメガバンクの２００倍になるあおぞら銀行ＢＡＮＫ支店やａｕじぶん銀行、自行への定額の入金（定額自動入金）が手数料無料で行える住信ＳＢＩネット銀行やイオン銀行など、銀行ごとに強みが異なります。外貨で貯蓄した残高をそのまま現地の支払いに充てられる、ソニー銀行のＳｏｎｙ Ｂａｎｋ ＷＡＬＬＥＴも海外旅行によく出かける人には便利でしょう。

自分の用途に応じて使い分け

一方、公的な引き落としの中には、ネット銀行が指定できないこともあるため、頻繁な入出金を伴う用途は、メガバンクがラクかもしれません。**我が家のお金の使い方を振り返りながら、口座を使い分けることで、お金の流れを作ることができます。**

例えば１００万円を1年間預けた場合、利息を10円受け取れるか、２０００円受け取れるか程度の差が出ます。貯蓄額が多いと、その差はもっと広がりますね。手数料も引き出し手数料や他行振込に毎月６００円程度支払うと、年間の費用は７０００円以上にのぼります。

銀行の特徴を知ろう

特徴のあるサービス

手数料が安い	新生銀行など
普通預金金利が高い	あおぞら銀行BANK支店、 auじぶん銀行など
定額自動入金	住信SBIネット銀行、 イオン銀行など
外貨預金を海外での 支払いに使用できる	ソニー銀行など

似たようなサービスを行っている銀行は他にもあるよ

金利

1年間100万円を預け……

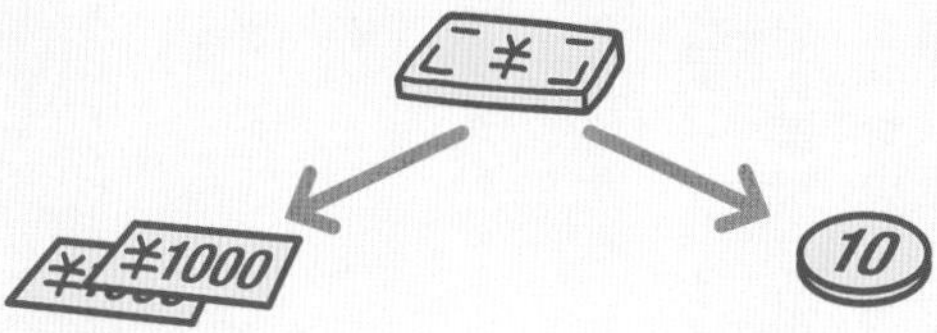
¥1000
10

2,000円もらえるか　　10円もらえるか

手数料

他行振込やATM手数料　600円／月かかるとすると

年間7,200円の差

Point

同じサービスでも銀行によって名前が違ったりするから注意が必要

05 キャッシュレス決済のメリット、デメリット

国際ブランドデビットカードが便利

銀行選びによって、手数料が抑えられるとお話ししましたが、実は、支払いを現金からキャッシュレスにすることでもコストの削減ができます。

例えば、最近の銀行のデビットカードにはＶｉｓａやＭａｓｔｅｒＣａｒｄなどの国際ブランドのものも増えました。以前より利用できる範囲が広く、利用すると口座から直接残高が差し引かれ、ポイント還元が受けられる場合も多いです。わざわざ手数料がかかるリスクを負ってＡＴＭで現金を引き出すことなく、直接支払えるわけですね。

履歴が残るので分析がすぐできる

キャッシュレス決済は、現金に比べてポイント還元が受けられる点や、ＡＴＭ手数料などの観点から、金銭的にお得なケースが多いです。

加えて、**利用の履歴が自動的に残るため、家計の振り返りや改善をしようと思い立った時に、すぐに分析からスタートできる利点があります**。現金支払いの場合は、家計簿をつけず、レシートも捨てていたなら、分析の前に、まずはデータの蓄積が必要なので時間がかかります。

一方で、災害時に使えない可能性や、セキュリティ面での心配を感じる人もいるかもしれません。

災害については、防災リュックには現金を忍ばせておくこと、セキュリティについてはこまめな利用履歴チェックで不正利用の早期発見を目指すことがオススメです。

現金にも災害時に紛失する恐れや、物理的な攻撃には弱いというセキュリティの課題があります。補い合えると良いですね。

キャッシュレス決済の特徴

日本のキャッシュレス比率も伸びている

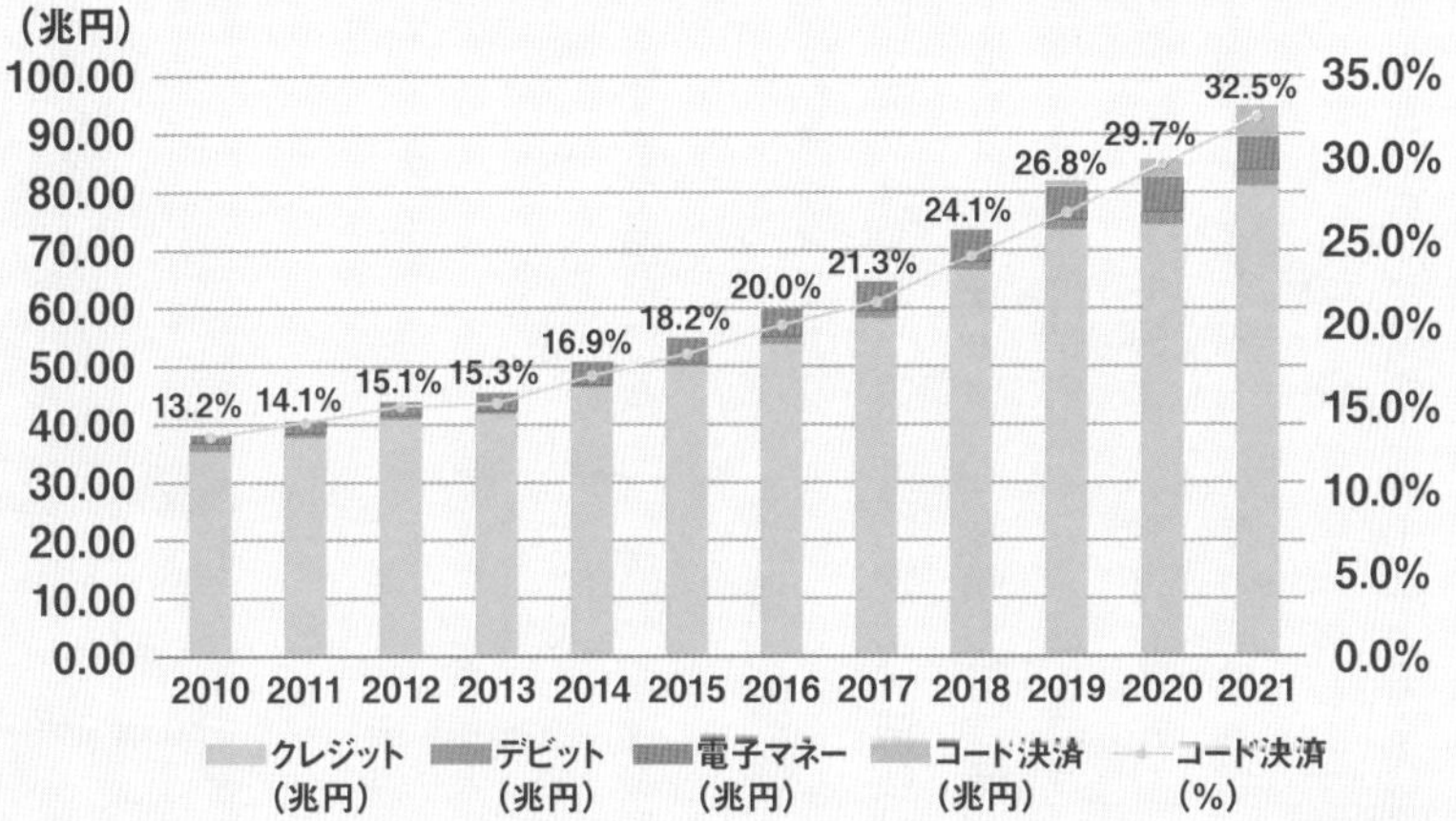

メリット・デメリット

メリット

- 金銭的にお得
- データが残るので分析しやすい

デメリット

- 災害時が心配
  ➡防災リュックに現金を
- セキュリティが心配
  ➡こまめなチェックで早期発見！

Point

ポイント還元や家計分析の手間が省けるなど、メリットが大きい

06 お得なキャッシュレス決済、多すぎて混乱してる？

支払いタイミングで考える

キャッシュレス決済については、サービスの種類が多すぎて選びづらいというお声も多いです。

まずは、お金を支払うタイミングで分類することがオススメです。Ｓｕｉｃａのようにあらかじめチャージをした範囲で利用できる手段は「前払い」、銀行のデビットカードのようにすぐにお金が引き落とされるものは「即払い」、クレジットカードのようにあとから引き落としが発生するものは「後払い」です。

キャッシュレスだとお金を使いすぎてしまう人や、家計管理をわかりやすくしたい人は「前払い」か「即払い」を選ぶのが手堅いでしょう。

決済の実装手段で選ぶ

次に、前払い、即払い、後払いを実装している手段で分類します。昔からあるプラスチックカードを使って差し込んだりスワイプしたりして使う「接触型」、カードやスマホをかざす操作で使う「非接触型」、バーコードやＱＲコードを使う「コード型」といった具合です。

通常、「接触型」では媒体が実物のカードに、「非接触型」では媒体がカードかスマホに、「コード型」では媒体がスマホになります。

決済時の操作や媒体がどういったものだと自分は便利だと感じるのか、普段利用しているお店で使えるか、なども判断基準になります。

同じコード決済サービスでも、チャージして使うものは「前払い×コード型」、クレジットカードに連携させて使うものは「後払い×コード型」と分類ができれば新たなサービスも選びやすくなります。

分類がわかると特徴がわかる

キャッシュレス決済はタイミングと実装手段で分類できる

スマホ決済が可能

家計管理しやすい

	接触型 （差し込み、 スワイプ）	非接触型 （かざす） ※iD、QUICPay、 Visa・MasterCard ・JCBのコンタクトレス	コード型 （バーコード、 QRコード）
前払い	国際ブランド プリペイド （dカード プリペイド など）	電子マネー （Suica、WAON、 nanacoなど） プリペイドカードをApple Payなどに取り込んで支払う（dカード プリペイドをApple Payで など）	PayPay ※チャージした 残高から払う
即払い	国際ブランド デビットカード （三菱UFJ-JCB デビット など）	デビットカードを かざして使う デビットカードをApple Payなどに取り込んで支払う（三菱UFJ-JCBデビットをApple Payで など）	Bank Pay
後払い	クレジットカード （楽天カード など）	クレジットカードを かざして使う クレジットカードをApple Payなどに取り込んで支払う（楽天カードをApple Payで など）	PayPay ※登録したクレジット カードから払う場合

操作がわかりやすい

操作が早い

小規模店舗でも使えることが多い

Point

管理のしやすさや、操作の特徴は、上記の表に当てはめてみるとわかりやすいよ

COLUMN

会社員でもできる確定申告

お金を効率的に貯めるには、貯蓄を先取りにすることや、キャッシュレス決済で有利な状況を作ることなど、「仕組み化」が重要です。そして第1章で紹介したような制度を把握することも、お金を貯める助けになります。社会保障の仕組みを把握しておけば、必要十分な民間保険が選びやすくなり「保険料で貯蓄がしづらい」といった事態を軽減できますね。

お金上級者の多くが関心を寄せる制度に「確定申告」があります。会社員は「源泉徴収」や「年末調整」で勤務先が納税を代行してくれていますが、自分で確定申告をしなければならないケースや、した方が有利なケースもあります。

会社員にも関係する確定申告として有名なものといえば、住宅を購入した時に減税が受けられる「住宅ローン減税」。最初の年は確定申告が必要で2年目以降は年末調整でも減税が受けられます。医療費が年間10万円超（所得200万円未満の人は所得の5%超）かかった場合に所得控除が受けられる「医療費控除」や、特定の医薬品を購入した金額が年間1万2000円超だった場合に利用できる「セルフメディケーション税制」。特定の自治体に寄付を行い返礼品も受け取れる「ふるさと納税」は有名ですが、ベースとなる「寄付控除」の仕組みは認定NPO法人など、一般的な寄付も対象になる場合があります。

盗難などで被害を受けた場合には「雑損控除」、災害時には「災害減免法による所得税の軽減免除」なども利用できます。

遭遇する事柄に応じて、利用する制度は異なりますが、確定申告に慣れておくと、家計に有利な手続きをスムーズに進められることは多いです。税務署などに相談しながら、積極的に手続きを理解していけると良いですね。

CHAPTER 3

第3章

「投資」の選択肢には何がある?

01

金融商品3つの性格

金融商品には向き不向きがある

現在、メガバンクの普通預金金利は0・001%。100万円を1年間預けておくと利息は10円という低い水準になっています。預金でお金を増やすことは難しそうですね。

一方で、預貯金には、額面金額を保証（＝元本保証）することと、必要となった時には、すぐに引き出して使えるという大きなメリットがあります。

実は金融商品ごとに、得意としているところが異なります。金融商品を選ぶには、3つの性格を知っておくと、判断しやすくなります。

すぐ使える、額面を守る、増やす

金融商品は、流動性、安全性、利殖性の3つの性格に注目すると、性格を捉えやすくなります。

流動性とはすぐに売れたり使えたりする性質を指します。現金化が簡単な商品は流動性が高いといえます。

安全性とは、元本が割れにくい性格を指します。利殖性とは、資産を増やせる可能性がある性格のことを示します。

預貯金は増えることが期待できないため利殖性は低いですが、すぐに使えて元本保証という点では、流動性や安全性が高いといえます。

株式は、資産を増やせる期待があるため利殖性は高いですが、元本が割れる可能性も大いにあるため安全性が高いとはいえません。売買してすぐに現金化できるという点では、流動性はそれなりにあります。

通常、すべてを得意とする金融商品はないため、**自分が期待する効果を得意とする金融商品に担当させる感覚で、手持ちの資産を配分して保有できると良いでしょう。**

金融商品の性格

金融商品	流動性	安全性	利殖性	特徴
預貯金	○	○	×	いつでも使えるが、ほとんど増えない
保険	×	○	△	運用で増える部分もあるが、元金から保障のための経費を支払う
債券	△	△	△	満期まで保有すれば元本が戻り、配当も受け取れる。発行体倒産のリスクはある
株式	△	×	○	評価額の変動を直接受けるため、リスクもリターンも比較的高い
投資信託	△	―	―	組み込む商品によって、安全性や利殖性は大きく変わる

こうしてみると
商品によって違いが
はっきりしているね

Point

その金融商品が何を得意としているのか確認しよう

０２ いくら貯まったら投資を始める？

まずは生活費の３～６か月分を貯めて

１０００円や１００円、おつりやポイントなど、少額でも投資が始められる時代になっていますが、**投資をスタートする目安は「貯蓄が生活費の３～６か月分を超えてから」と考えると良いでしょう。**

最低限の貯蓄額を尋ねられた時にも、同じ目安をお伝えすることが多いです。24ページでもお伝えしましたが、例えば自己都合退職をした際、失業保険を受けるまでに３か月や２か月の給付制限期間があります。給付までの生活を支えることや、給付額もお給料の半額程度となることを考えると、最低でも３か月、できるなら６か月程度の生活費にあたる預貯金があると、有事の際に対応できます。

月収が30万円の人でも、使っている生活費が毎月20万円程度であれば、60～１２０万円が「最低限の貯蓄額」の目安になります。

５００万円超までは迷っても良い

生活費３～６か月分の貯蓄が既にある人は、すぐ投資を始めた方が良いかというと、**貯蓄が５００万円を超えるまでは、迷って良いでしょう。**

生活費の３～６か月分は、日常生活の有事に対応する金額です。結婚資金や住宅購入、万が一として葬儀費などを見越すなら、５００万円くらいあると概ねの事態に対応できます。大きなライフイベントをまかなえる金額を、預貯金で持っておきたいという考えもあるでしょう。

積極的に投資したい人は生活費の３～６か月分を貯めてから、保守的に考えたい人は預貯金が５００万円を超えてからと考えるとよさそうです。

投資を始める目安

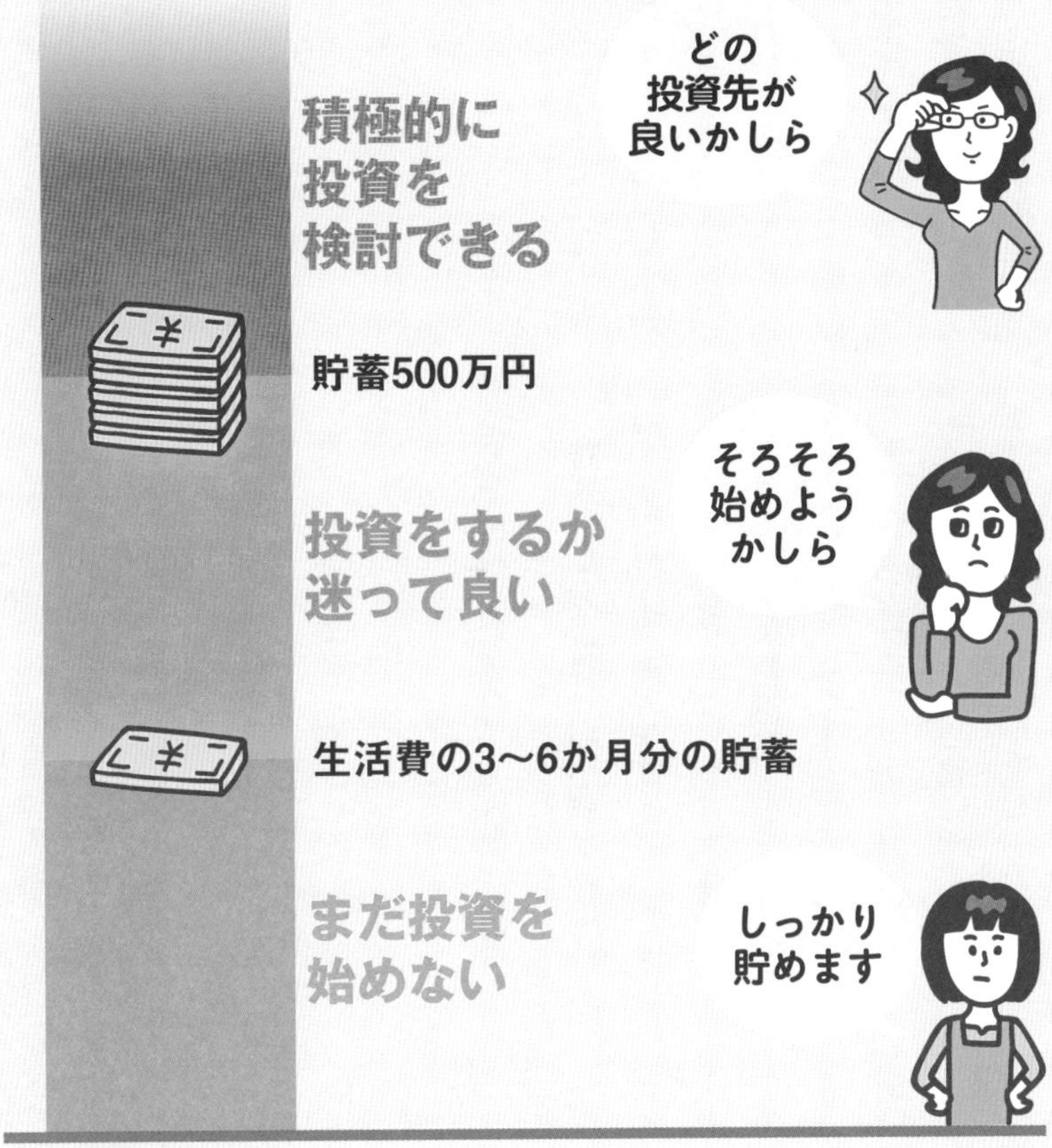
積極的に
投資を
検討できる
どの
投資先が
良いかしら
貯蓄500万円
投資をするか
迷って良い
そろそろ
始めよう
かしら
生活費の3〜6か月分の貯蓄
まだ投資を
始めない
しっかり
貯めます

Point

**十分お金が貯まるのを
待っていても良いんだね**

03

投資のリスクには振れ幅という意味も

増えることもリスク

リスクという言葉を聞くと、お金が減ることを想像するかもしれません。しかし、これから投資を検討する人は、**リスクという言葉には、お金が増えたり減ったりする「振れ幅の大きさ」を示す意味もあることを、知っておくのが良いでしょう。**

増えることだけが期待できる商品はありません。増える可能性がある商品は、減る可能性もあります。１つ１つの商品や、短い時間軸で見ると増えたり減ったりを繰り返しますが、長期的に資産全体で見ていくと、最終的には増えていくことを目指すのが資産運用です。

成長の期待とリスクも相関がある

株式には大型株と中小株と呼ばれるカテゴリーがあります。ざっくりと、大手と呼ばれる銘柄が大型株、ベンチャー企業や規模が小さい銘柄が中小株といったイメージです。

大手企業の株式の方が、心配性の人でも比較的安心して買いやすそうです。一方で、小さい会社の方が、これから株価が上がっていく余地は多く残されているように見えます。

債券でも似たことがいえ、みんなが安心して持ちやすい債券の利回りは低く、信頼度が低い銘柄の方が一般的には利回りが高いです。

利益の可能性は、値が上がったり下がったりする振れ幅を、大きく受け入れられる時ほど高くなります。

この振れ幅（リスク）は、商品ごとに違います。**リスクが高いものが悪く低いものが良いのではなく、自分の期待と近い振れ幅の商品を選ぶことが大切です。**購入前は商品の振れ幅にも着目してみてください。

リスクとは何か

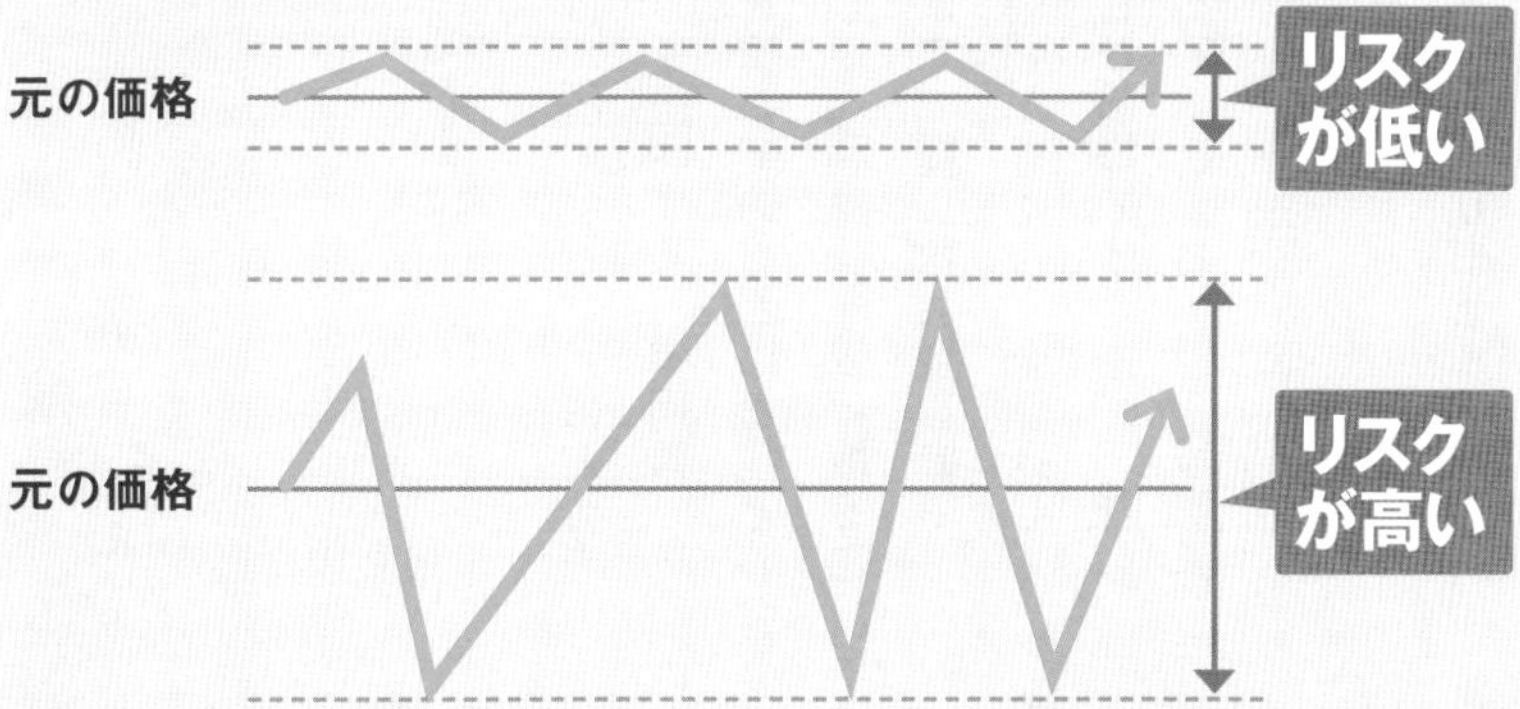

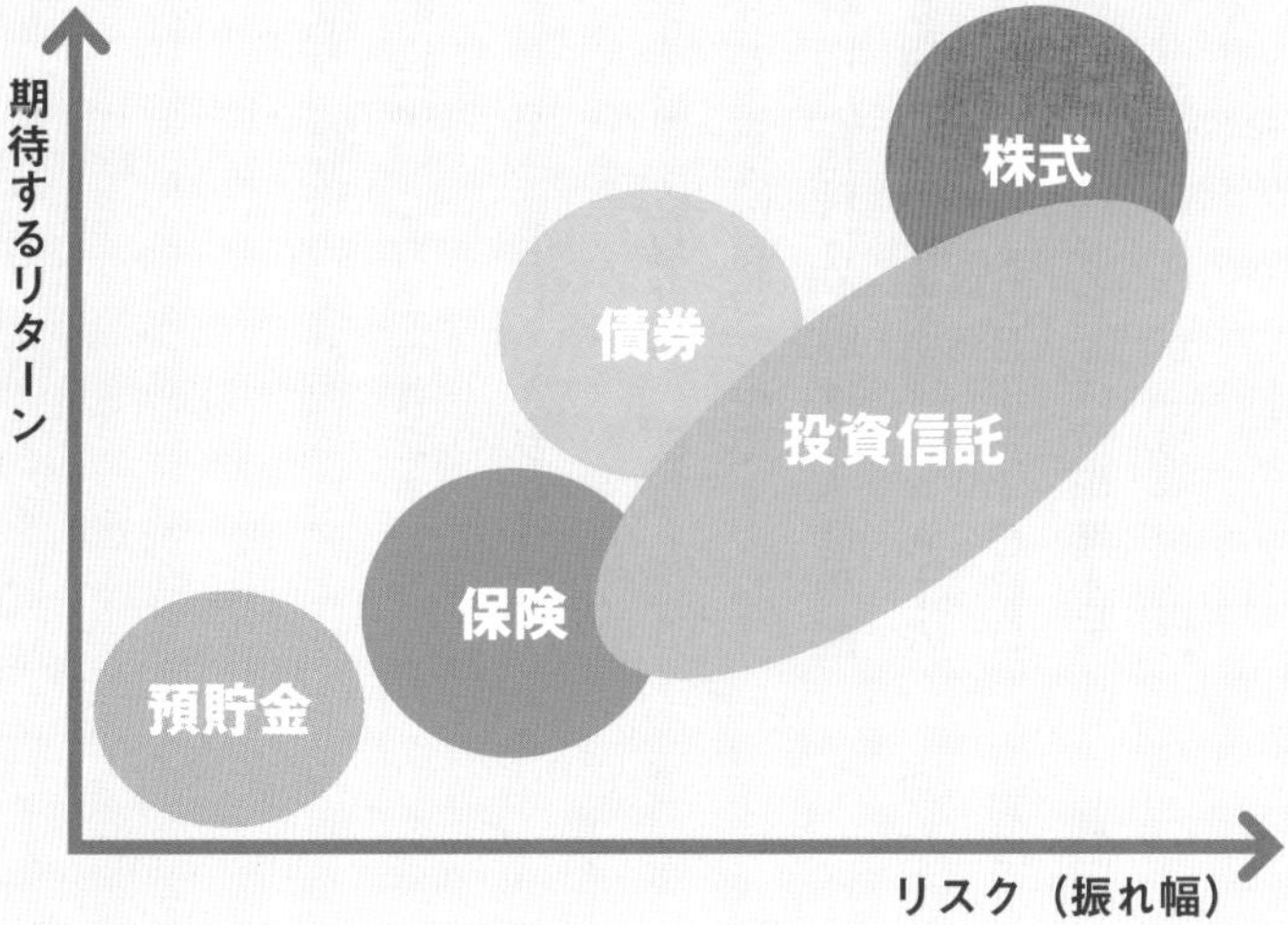

Point

資産が増える期待と減る恐れはセットであると心得よう

04

お金を貸してあげる約束「債券投資」

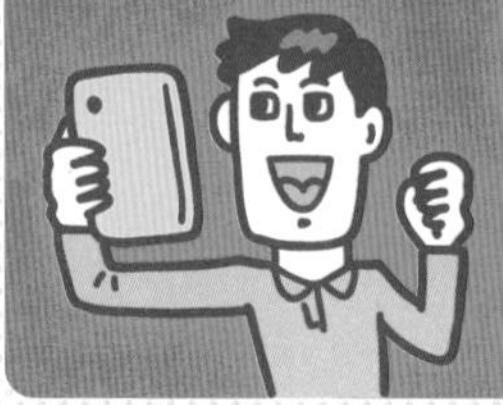

債券の仕組みを知ろう

債券とは、国や会社などにお金を貸したことを証明する〝借用書〟です。お金を貸している間はお礼として、約束した〝利息〟を受け取ることができます。貸したお金なので、約束した期間がきたら、全額返してもらうことが前提です。ただ、貸した団体が破綻してしまうと、お金が戻ってこない可能性もあるため、元本保証ではありません。

元本保証ではありませんが、株式の出資とは違い、貸したお金であることから、価格の振れ幅は株式より一般的に低いと考えられます。

貸し出す先の信用度を測る格付け

お金を貸す立場なら、破綻しにくそうなところに貸したいですよね。

債券には格付けと呼ばれる信用度を測る指標があります。AAA→AA→A→BBB→BB→B→CCC→CC→Cといった順に信用度が低くなり、BBBまでが「投資適格格付け」、BB以下が「投機的格付け」などと定義されています。

格付けを行う会社（格付会社）は複数あり、格付会社によっては、同じ企業に対して異なる格付けを行うこともあります。

格付けが高いところは通常、安心感が高いわけですが、債券の利息は低い（利回りが低い）傾向にあります。逆に高い利息を受け取れる（利回りが高い）債券は、格付けとしては低くなることが一般的です。

利回りと信用度は、通常逆になるということですね。

債券投資の具体的な商品としては、個人向け国債や、社債などが挙げられます。

債券の仕組み

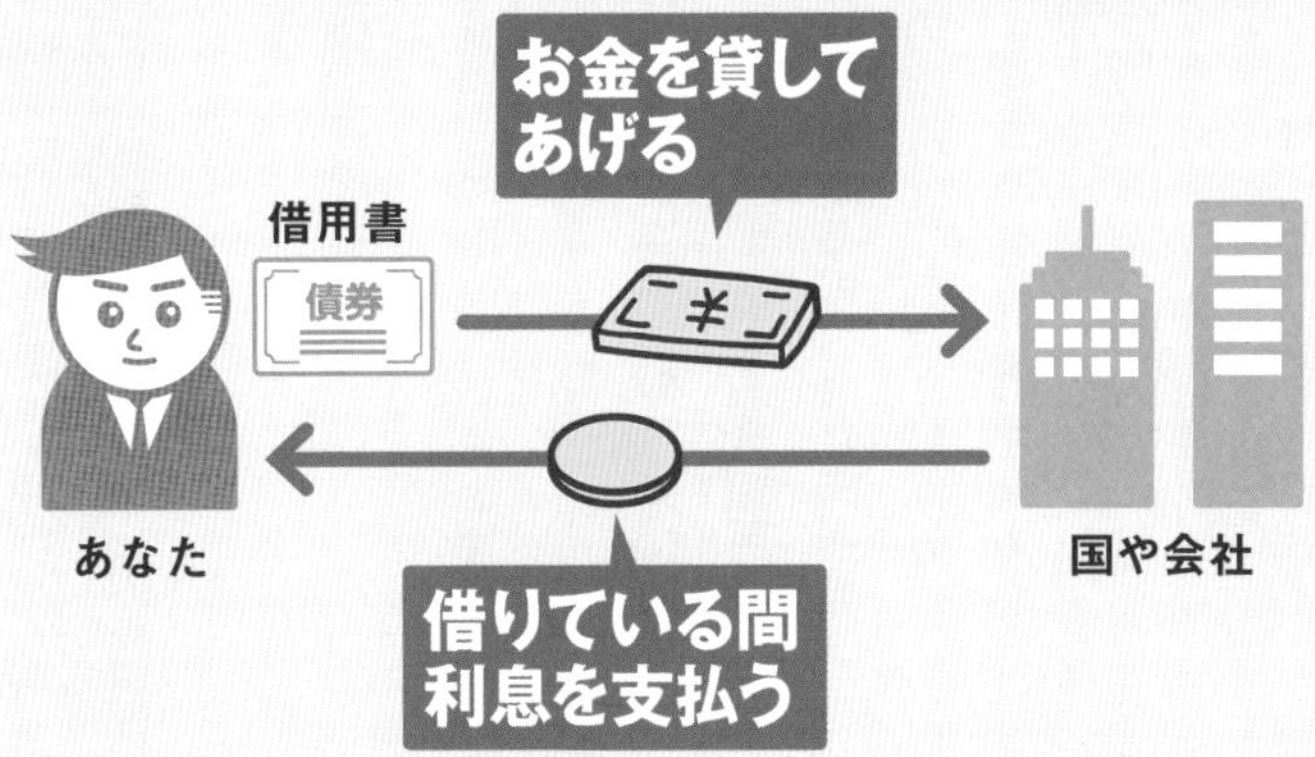

投資先の信用度を測る格付け

投資適格格付け	AAA	信用力は最も高く、多くの優れた要素がある
	AA	信用力は極めて高く、優れた要素がある
	A	信用力は高く、部分的に優れた要素がある
	BBB	信用力は十分であるが、将来環境が大きく変化する場合、注意すべき要素がある
投機的格付け	BB	信用力は当面問題ないが、将来環境が変化する場合、十分注意すべき要素がある
	B	信用力に問題があり、絶えず注意すべき要素がある
	CCC	債務不履行に陥っているか、またはその懸念が強い。債務不履行に陥った債権は回収が十分には見込めない可能性がある
	CC	債務不履行に陥っているか、またはその懸念が極めて強い。債務不履行に陥った債権は回収がある程度しか見込めない
	C	債務不履行に陥っており、債権の回収もほとんど見込めない

●格付投資情報センター『長期個別債務格付』

Point

**約束の期間の途中で売買する場合も
元本が割れる可能性がある**

05

あなたはオーナー！「株式投資」

株式の仕組みを知ろう

株式は債券とは違い、お金を貸すのではなく、出資する投資方法です。**出資したお金は会社の事業に使ってもらうため、必ずしも全額戻ってくるとは限りません。**会社の所有権を株式の口数分の割合だけ保有することになるため、会社のオーナーになるようなものといえます。

事業がうまくいけば配当金を受け取れることもありますし、その会社の人気が高くなれば、オーナーの証である株式が高く売れ、売却益を得られる可能性もあります。

一方で業績が思わしくなければ、配当金が出ないことや、株式の価格が下落し、損をすることもあります。

お金を働きに出すようなもの？

自分が就職して働ける場所には限界がありますが、ある企業の株式を購入することは、その会社で自分のお金を働かせるようなものです。

応援したい会社の株式を購入することは、好きなサービスが拡大していく期待を楽しむことにもなります。

株式を購入する時には、その会社の業界について詳しい方が、精度の高い判断をしやすいです。ただ、**自分が仕事をしている業界と同業界の株式を購入することは、分散の観点からは効果が薄くなります。**

例えば、ＩＴ業界で働いている人が、ＩＴ業界の株式を購入すると、業界全体の調子が良くない時には、お給料も株価も下がる可能性があります。株式を購入する時は、よくわかる会社の銘柄を購入したいところですが、金融商品以外の自分の保有している資本（これから稼ぐ給与など）も考慮できると理想的です。

株式の仕組み

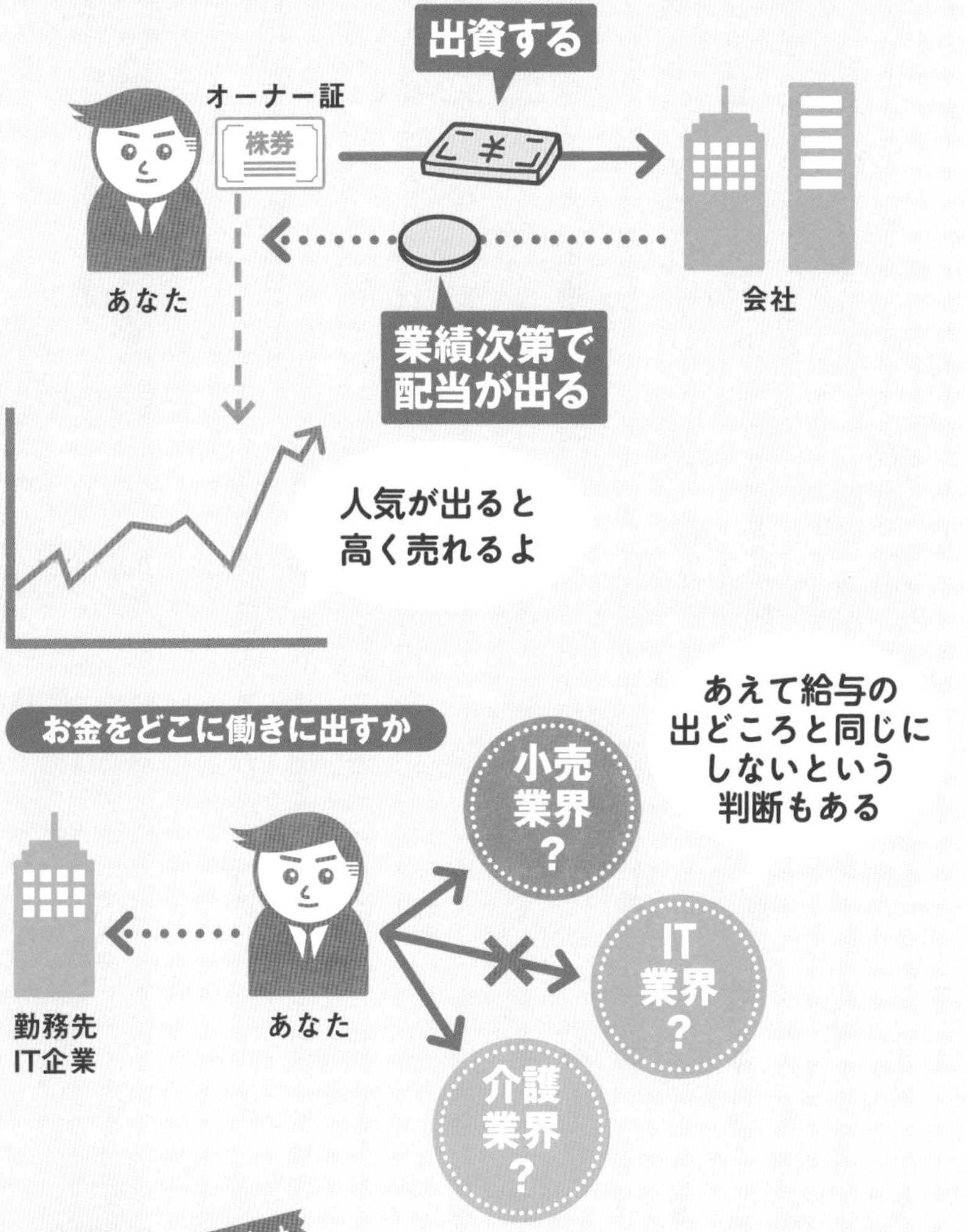
出資する
オーナー証
株券
あなた
会社
業績次第で
配当が出る
人気が出ると
高く売れるよ
お金をどこに働きに出すか
あえて給与の
出どころと同じに
しないという
判断もある
小売
業界
？
IT
業界
？
介護
業界
？
勤務先
IT企業
あなた

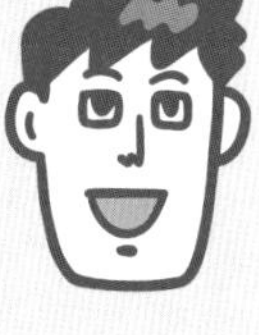

Point

身のまわりでいいなーと思った会社やお店の株を持つのもオススメ

06 小技的に使うのがいい？「外貨運用」

外貨運用は為替差益が期待される

各国の通貨レートは刻々と変化しています。1ドル＝100円※1で購入できる状況から1ドル＝110円で購入できる状況に変わることを円安といいます。同じ1ドルを購入するのに、より多くの円を必要とするため、ドルに比べて円の価値が下がっているからです。逆に1ドル＝90円で買えるようになることを円高といいます。少ない円で同じ1ドルを購入できるので、ドルに比べて円の価値が上がっていることになります。

円高の時に購入したドルを、円安の時に売却できれば、円で考えると利益を得ることができます。1ドル＝100円の時に1万円分ドルを購入すると、100ドル。1ドル＝110円になった時に100ドルを円に換えると11000円となり、1000円得します（為替手数料や税金を除く）。

私たちは為替の影響を受けている

投資は、物価や景気に対して資産の価値の維持を目指すために検討します。私たちの生活には、海外から原材料を仕入れて提供されている商品が多くあります。円安になると円換算の原材料費が上がるため、商品の値段が上がるなどの影響を受けます。円預金だけだと、購入できる品数が減るかもしれません。

外貨での運用は外貨預金やFX※2が代表的な商品ですが、海外の株式や債券を含む投資信託などでも、外貨による運用を行っていることになります。**為替単体の値動きは激しいため、外貨預金は、円高の時に少し買っておき、海外旅行の時に使う小技的な使い方でも良いかもしれません。**

※1　執筆時（2022年）は通貨レートが特に激しく動きましたが、本書では計算のしやすさを考慮して、便宜上1ドル＝100円で計算しています。

※2　FX（Foreign Exchange）：外国為替証拠金取引

外貨での運用の仕組み

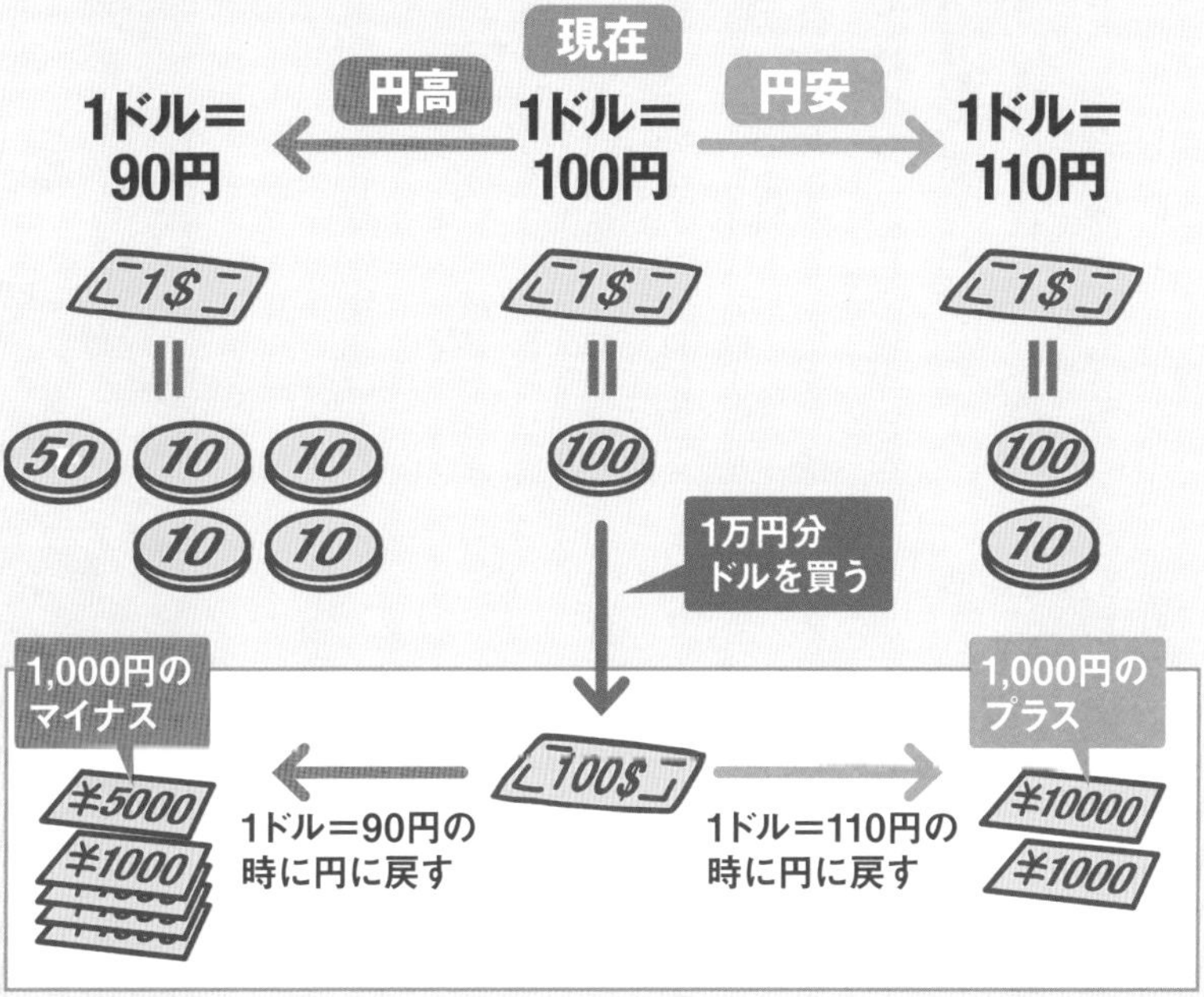

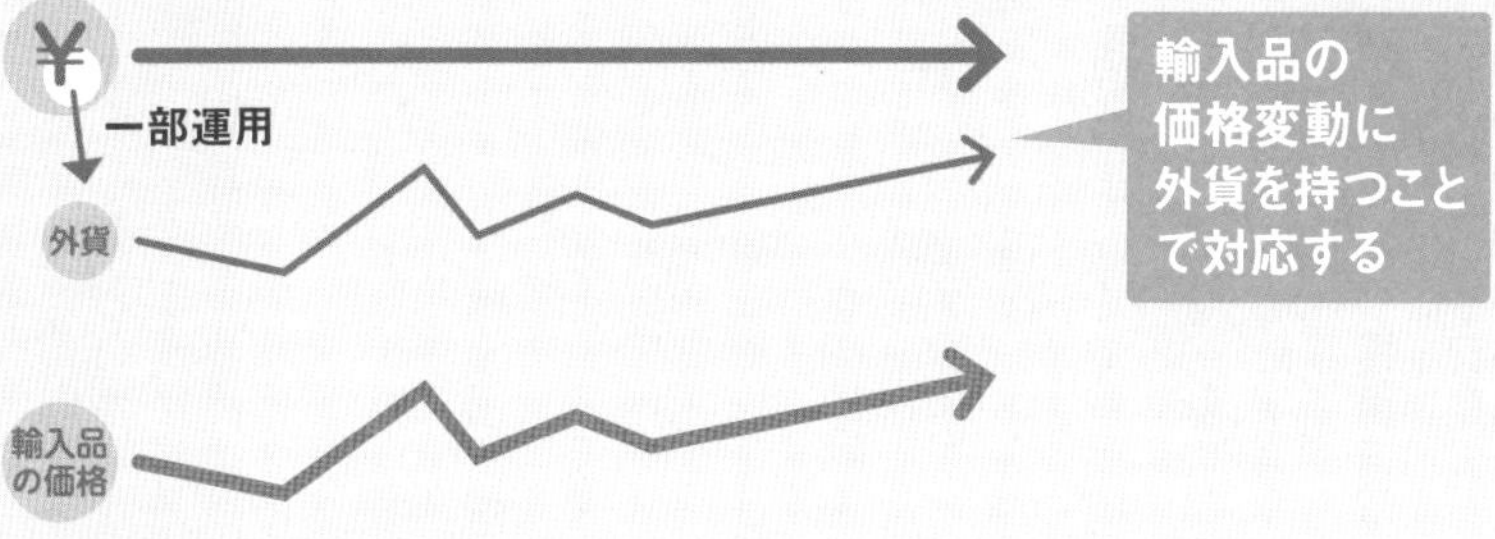

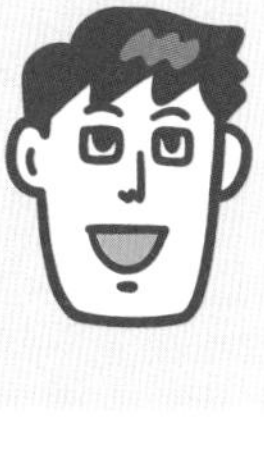

Point

円安で食品やiPhoneが高くなると話題になったね

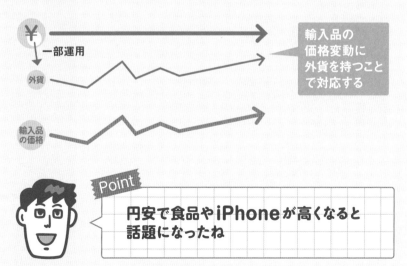

07 有事の金？「金投資」

売却して初めて利益が出る「金」

「有事の金」という言葉があるとおり、社会情勢の不安があると、金の人気が上がる傾向があります。これまで採掘された金の総量は国際基準プール約４杯分。限りがあり希少性がある資産ともされています。**株式や債券とは違う、独自の値動きを示すため、分散効果も期待されます。**

一方で、通常は保有している間の利益はなく、売却して手放した時、購入時の価格よりも高ければ利益が出るという仕組みです。買った時期や価格だけに利益の有無が依存してしまうという特徴もあります。

金の取引方法はいろいろ

金への投資には、現物、純金積立、ＥＴＦなどの選択肢があります。

金の現物、金地金（インゴット）は、５gや１kgなど様々な単位で購入できます。手数料は、まとまった量を購入する方が抑えられます。一方で、売却して得られた利益が50万円以内であれば、税金がかかりません（譲渡所得としての扱い）。そのため、利益が50万円以内におさまりそうな単位で購入する人もいます。

純金積立は、まとまった金額を用意しなくても、月々３０００円などからスタートできます。将来、地金やコインなどへの交換も可能です。

金の値動きに連動するＥＴＦ（上場投資信託）という選択もあります。現物とは違い、火事や盗難を心配しなくても良い利点があります。

金の魅力は多いものの、万人にオススメの資産の形とまではいえません。**投資に慣れてから、保有するリスク資産の５～１０％程度からの検討が取り組みやすいでしょう。**

金投資のポイント

メリット

- 希少性が高い投資対象
- 独自の値動きで分散効果

デメリット

- 購入時の額に利益が左右される
- 基本、売却でしか利益がない

主な投資方法

種類	現物	純金積立	金ETF
購入最小単位（例）	5g47,940円 （店頭小売価格 43,540円 ＋購入時手数料 4,400円） ※2022年6月15日時点 田中貴金属工業 ※少しコスト高ですが、約3gから金貨もあります	月々3,000円	7,503円 ※2022年6月15日時点 1504純金上場信託
少額で取得額を平準化	×	○	○
区分	現物	現物	有価証券
利益への課税	通常は譲渡所得（総合課税）としての扱い ・短期譲渡所得（5年以内） 売却益－50万円 ・長期譲渡所得（5年超） （売却益－50万円）×1/2 ※売却益＝売却価格－（取得価格＋売却費用）		株式としての課税 ・NISAなら非課税 ・約20%の 分離課税など

Point

必須ではなくリスク資産の
5～10%で検討

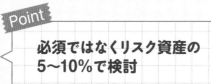

08

事業家視点！「不動産投資」

継続的な収益を生むことが得意

不動産投資は物件の種類や資金調達手段によって、性格が異なります。

一般的に初心者向けとされる都心部にマンションの1室を購入するタイプだと、ローンで購入することが多いです。この場合、手持ちの現金は株式や投資信託などの有価証券で運用し、お金を借りられる力である「与信」を実物の資産に換えられる点が魅力とされます。亡くなった場合などにローンが完済されるため「生命保険」効果も期待されます。

一方で、地方物件や古いアパートなどは現金を使うことが多く、支払った現金に対する家賃収入の利回りの高さに注目されることが多いです。

いずれも、**一般的な有価証券を使った運用に比べ、毎月収入が入る仕組みを作ることが比較的得意です。**

事業主になるような感覚で

不動産投資は、**購入する物件を次に買う人や借りる人がどう評価するのかを考えることが不可欠です。**不動産経営という事業を行う、事業主になる感覚が求められます。

この視点は、必ずしも投資用の物件を選ぶことだけでなく、自宅を購入する時にも生かせます。「自分の趣味ではキッチンを赤くしたいけれど、同じように考える買い手は多いだろうか」、「豪華な設備に憧れるけど賃料を払う人はその分家賃が高くても納得するだろうか」などと考えながら自宅を購入できると、将来、売却や賃貸がしやすい物件を選べます。住宅購入も有利な不動産投資になり得るわけですね。

現物以外だと、不動産を対象とした投資信託（REIT）もあります。

組み合わせで違う不動産投資

物件

	新しめ 好立地 など	古め 不人気エリア など
物件	利回りは低いが 比較的安定	利回りは高いが 入居率に波がある

×

	ローン	現金
資金調達	与信を現物資産化 現金は他の 有価証券に	毎月の収入を作り やすい 相続時の評価額を 下げられる

資金調達

Point

次の買い手や借り手の気持ちを常に
考える経営者のような運用。
住宅購入でその視点を生かすのも吉

09 保険が得意とするシーン

低確率でも影響が大きな事象

保険で資産運用を行うことは、一般的には合理的ではありません。保険という商品である限り、保険料の一部は「保障」というサービスを得るための対価として支払われ、全額は貯蓄に回らないからです。

保険が得意としている「保障」が効果的に働くのは「起こる確率は少ないけれど、起こった時には経済的ダメージが大きい事象」です。

起こる確率が低い事柄に対して、莫大な貯蓄を準備しておくことは現実的ではありません。しかし、備えがないとピンチなシーンも。

そのため、みんなでお金（保険料）を出し合って、その低い確率の事象が起こった人に、すべてお金（保険金）をあげることで万が一に備えよう、という考え方が保障なのです。

上手な保険の入り方

保険は、現在の貯蓄や公的な社会保険で足りない分だけ加入するという考え方が軸となります。

例えば、医療保険については、26ページでご紹介した、高額療養費制度があるため、手持ちの預貯金が１００～２００万円あれば、概ね対応ができそうです。貯蓄ができるまでだけ加入して、以降は減額や解約するなどの判断があります。

子どもがいる家庭の生命保険は「年収×３＋子どもの人数×１０００万円」などの目安があります。

年収５００万円の夫と専業主婦の妻、子どもが1人の場合、５００万円×３＋子ども1人×１０００万円＝２５００万円程度の死亡保障を目安に。既に貯蓄がある場合は、その分、保障額の減額を検討します。

保険は確率とダメージで検討する

起こる確率と経済的ダメージの組み合わせで考えられる対策

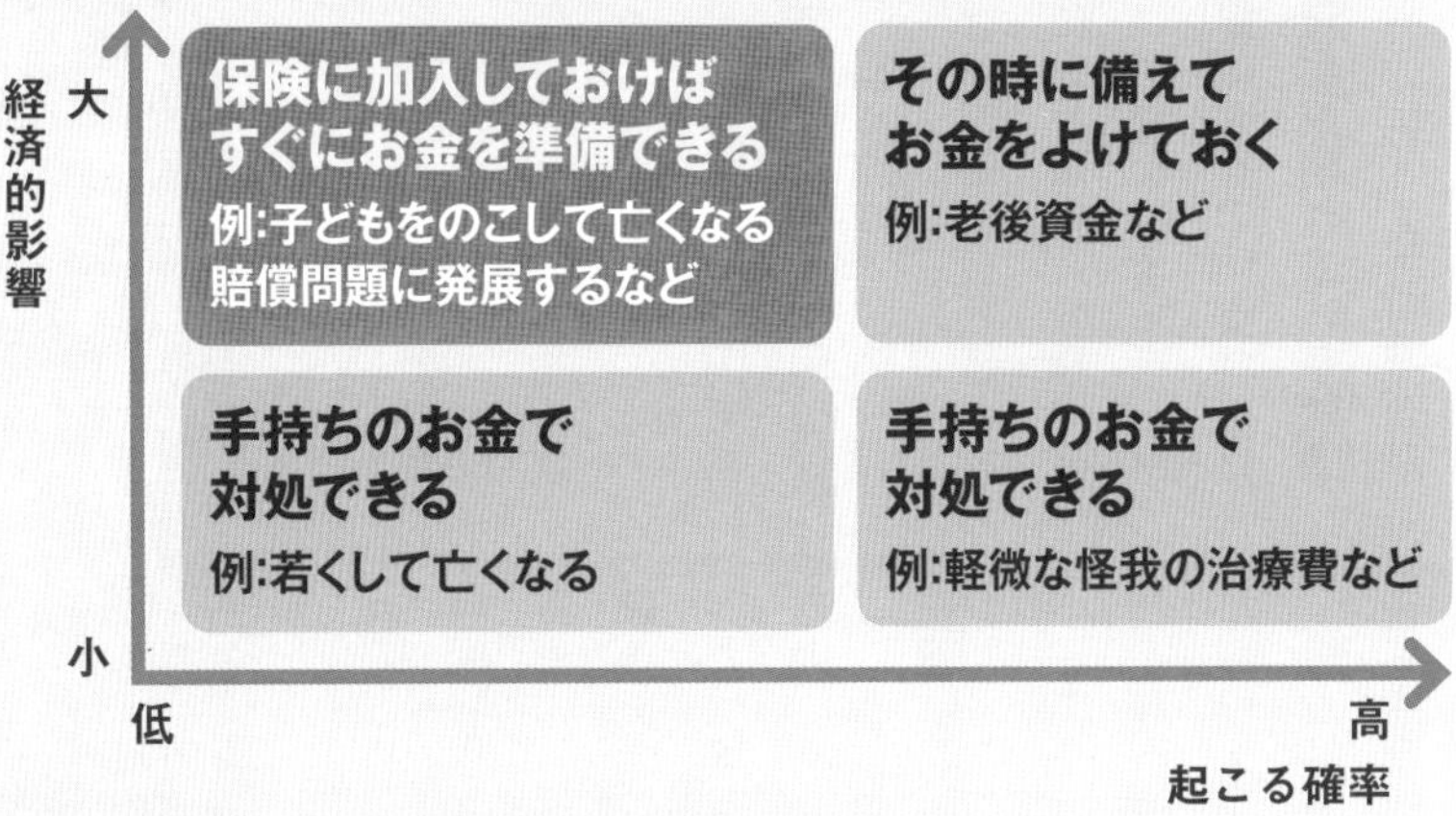

想起される事象・保険商品

起こる確率は低いが、
経済的影響が大きいゾーン

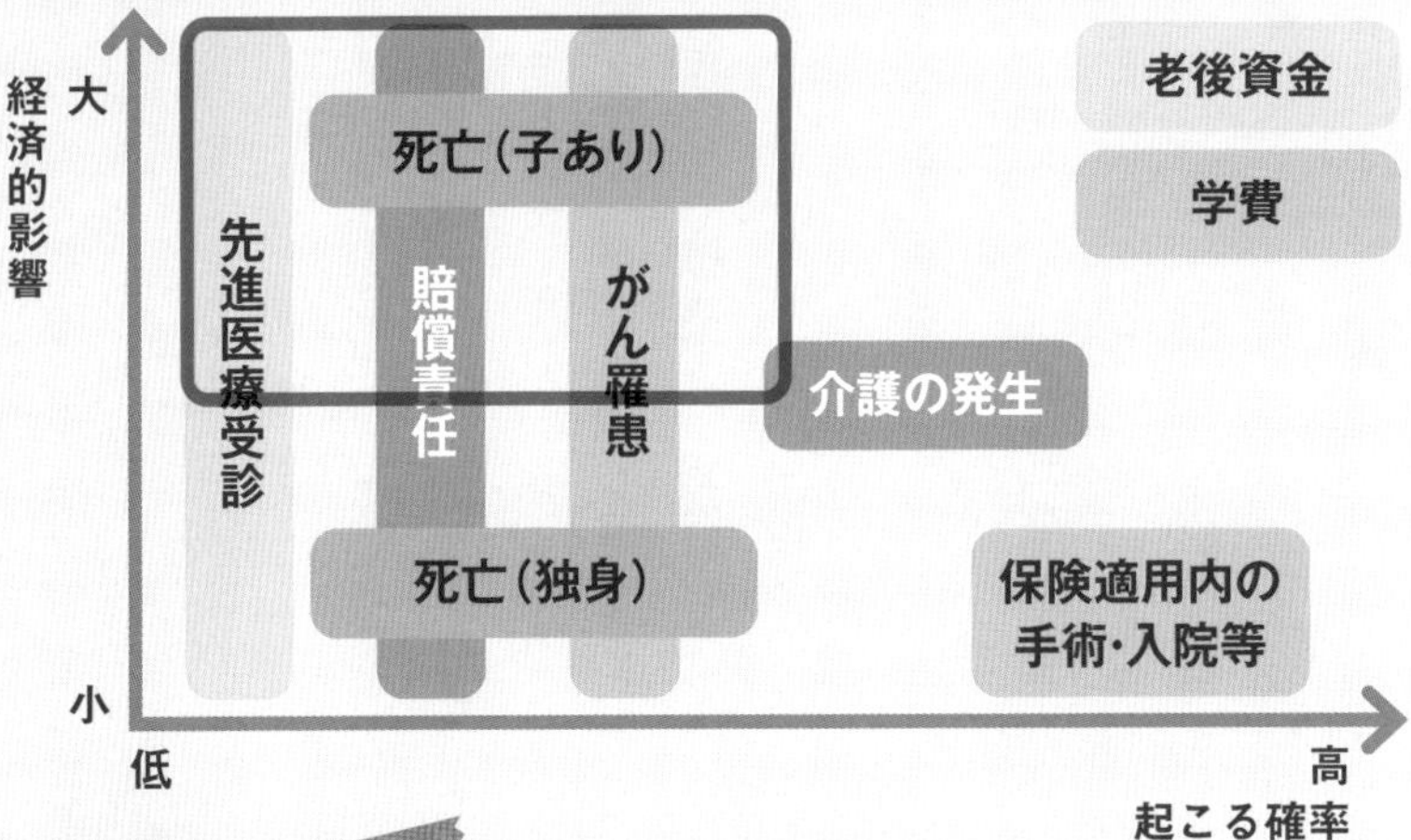

Point

保険の本分は「保障」。
どこに保障を求めるかをよく考えよう

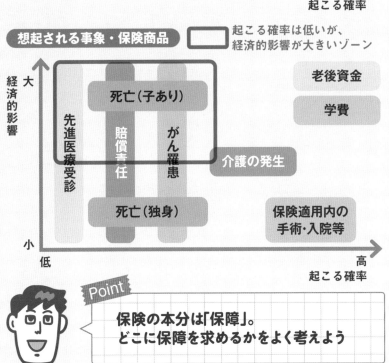

10 保険で運用ってどういうこと？

額面が復活するのに時間がかかる

保険での運用や貯蓄が合理的ではないのはなぜでしょうか。

例えば、毎月保険料を1万円支払っていたとしても、3000円は保障を受ける対価となり、残りの7000円だけが貯蓄として運用されるなどの形になります（金額の配分は商品によって異なります）。

保険料を貯蓄に回しているつもりでも、最初は元本が割れている状態になるのです。ただ、今回の例の7000円を保険会社が運用してくれるため、長く続けていると支払った同額程度や、少し増える場合もあります。保障にお金を払う分、受け取るお金（解約返戻金など）が支払った保険料の累積額程度まで復活するのに時間がかかるのです。

先取り効果や約束してくれる利点も

一方で、口座から自動的に引き落とされる仕組みは先取り貯蓄の効果があります。

また、通常の投資商品では、増えるも減るも、自己責任ですが、**保険商品による運用は、一定の約束をしてくれます**。何年加入するといくらになるかが決まっていたり、下限が約束されたりします。途中でやめると損をしやすいですが、予定していた期間まで続けられるなら、1つの選択肢になります。

保険での貯蓄は、合理的ではないという意味で、加入前には慎重に検討する必要があります。既に加入している貯蓄目的の保険の解約は、中途解約は損をしやすいという点で、やはり慎重な判断が必要です。

商品の特性を生かして組み合わせられると良いですね。

保障を得る分、増やすのに時間がかかる

保険料の内訳（例）

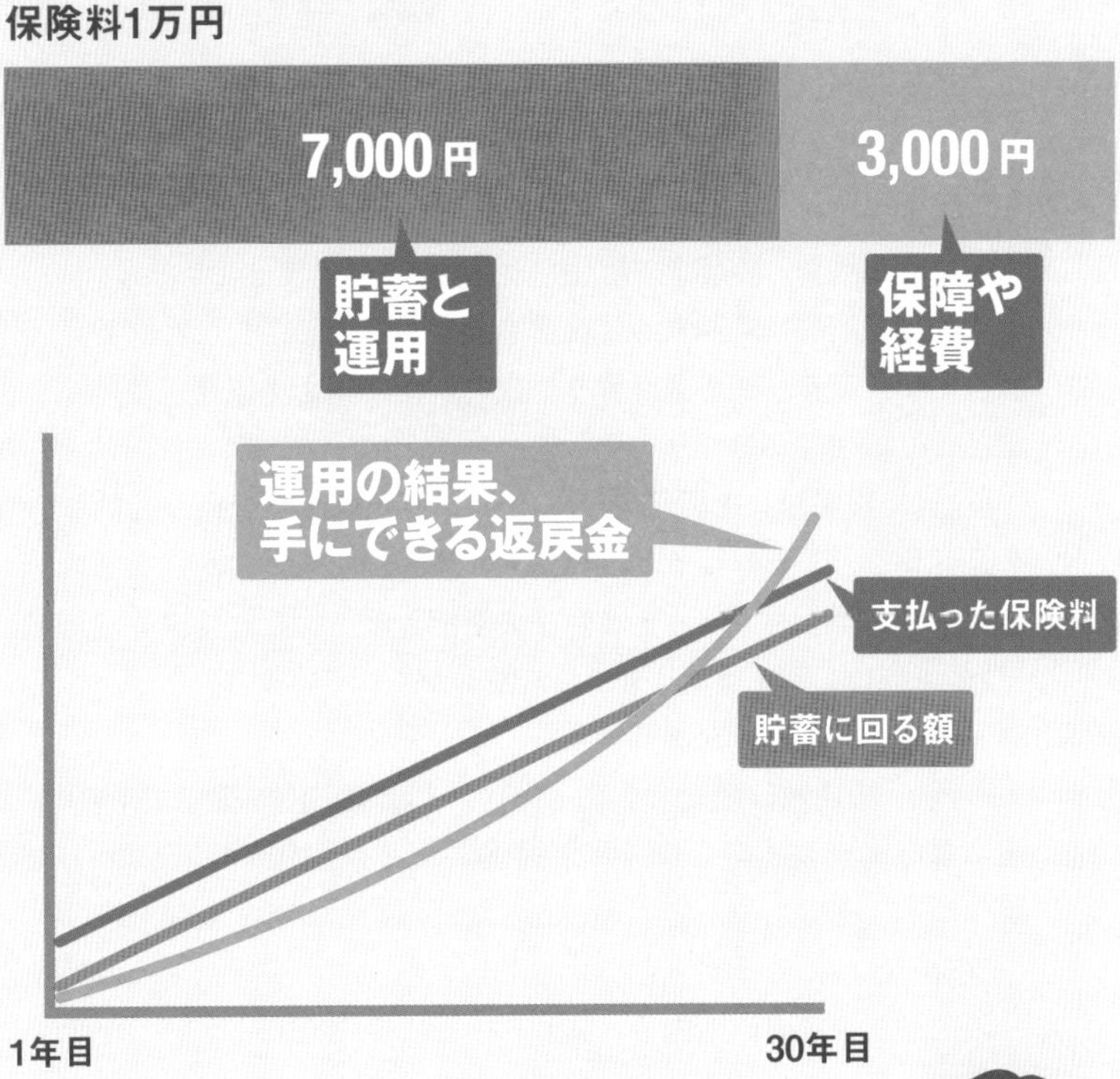

保険料の内訳や
返戻金の曲線などは
商品によって違います

Point

貯蓄を目的とした保険は
加入も解約も慎重に

COLUMN

FX、仮想通貨、NFTはどう考える？

第3章では投資の定番となる商品や考え方について整理してきました。近年、FXや仮想通貨、NFT※などの派手さのある商品や、技術的に新しい投資対象も増えてきています。

これらの商品は趣味として金額を限定して取り組むことはできますが、広く一般の人が資産形成の中枢に据えて取り組む対象としては相性が良くないでしょう。

「投資か投機か」を切り分ける観点には、「購入者全員が利益を上げることがあり得るか（投資先が付加価値を生む株式などならあり得る。もちろん全員が損失を抱えることもあり得る）」「動きが激しすぎないか」「十分な法整備がされているか」など、いくつかのポイントがあります。

FXや仮想通貨は値動きの激しさや、誰かの損失が誰かの利益になる構造があり、NFTは法整備の面で現段階では不安が残ります。そのため、生活を優先しながらまとまった金額を投じる対象としては不向きといえるでしょう。

限定した金額の範囲内で、楽しみのためや技術的な学習のためといった観点で試すことは検討できそうです。

投資や運用においては、今までなかった手法や商品が生まれ、それが画期的に見えることや、今まで以上の成果を出してくれそうに感じることが多くあります。ただ、長く親しまれている商品や、公的な制度で優遇されている投資手法でも十分に必要な資産形成の一助になってくれます。

まずはオーソドックスなやり方を地道に続けることを真ん中に据えて、気になる新しい方法は、金額を限定して試してみるなど、調整しながら検討できると良いですね。

※NFT（Non-Fungible Token）：非代替性トークン

CHAPTER 4

第4章

投資の王道！投資信託の積立とは？

01 投資信託とは？

複数の商品を買うには大金が必要

第3章で紹介したような債券や株式、金や不動産など、金融商品にはたくさんの種類が存在します。

最近では、1000円分だけなど、少額で株式を購入できるサービスも出てきていますが、手数料が高めなので通常は債券や株式は、ひとまとまりの単位で購入する必要があります。

株式であれば10万円くらい準備すると、購入できる企業の選択肢が広がります。1銘柄10万円とすると、たくさんお金を持っていなければ、複数の企業の株式を購入することができません。1社の株式しか持たない場合、その1社だけの動向に委ねることになり、自分の資産の値動きを分散させることができません。

こうしたシーンで選択肢に挙がるのが投資信託です。

投資信託は複数商品の詰め合わせ

投資信託は、個人投資家から集めたお金をとりまとめて、ファンドマネージャーが資産運用を行います。

あなた自身は1万円や10万円しか購入しなくても、みんなから集めた数十億、数百億円のお金で数百、数千の会社の株式や様々な国の債券を購入します。そのため、**間接的にたくさんの金融商品に分散投資できている状況を作ることができます。**

自分で株式や債券を売買する場合、それぞれの銘柄について、売り時と買い時を判断する必要もあり、手間がかかります。

投資信託は、そうした個別の商品の売買をファンドマネージャーに任せることができるため、手間をかけずに少額で分散投資できるメリットがあります。

投資信託の仕組み

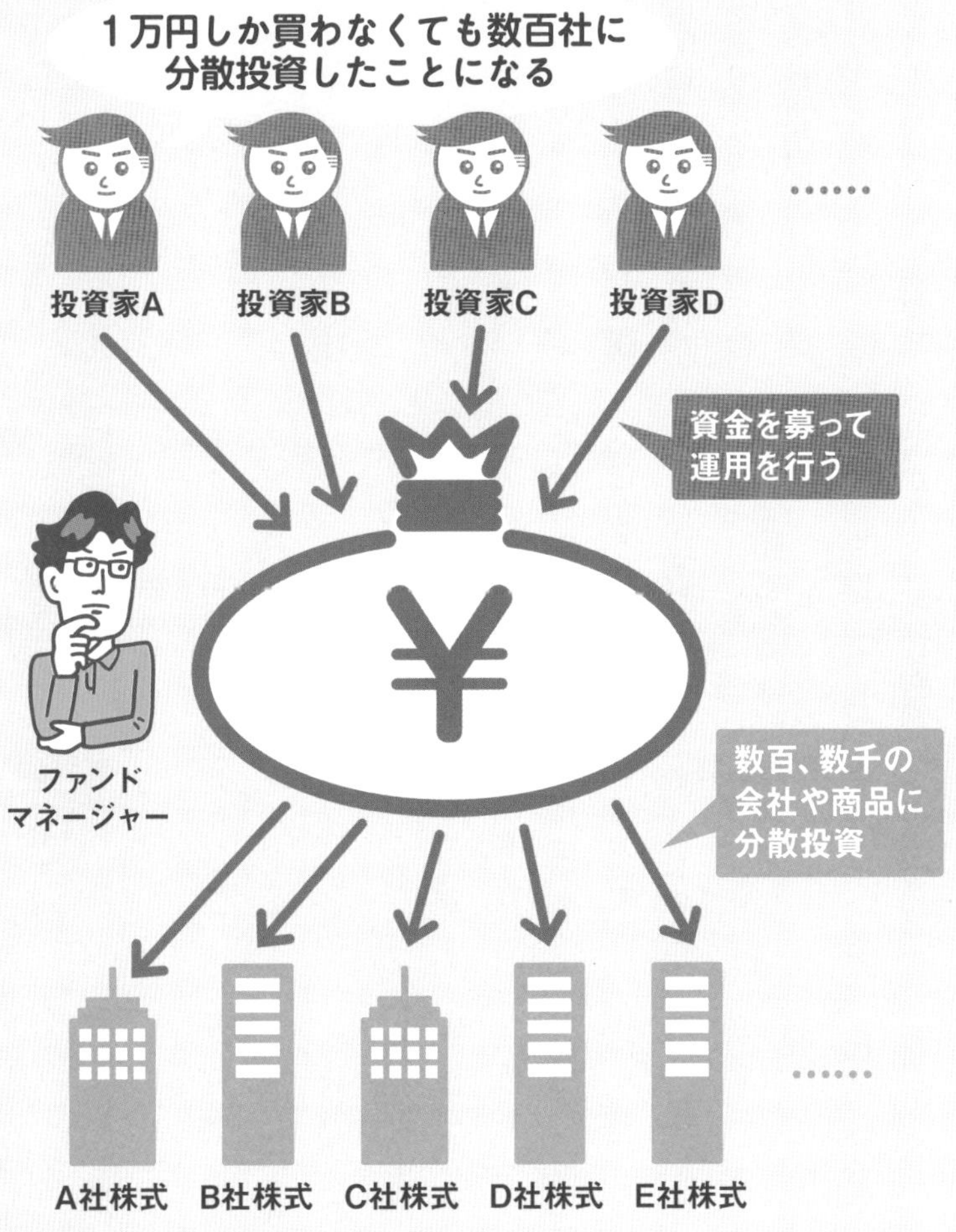

Point

今、長期投資に向いている投資信託がたくさん出ている

０２ 投資信託でかかるコスト

買う時、保有中、売却時にコスト

投資信託の、債券や株式などを詰め合わせにする仕組みを維持するには、手数料やコストがかかります。

まずは購入時手数料（販売手数料）として、購入金額の０〜３％程度がかかります。同じ投資信託でも、購入する金融機関によって、手数料が異なることがあります。購入時手数料がかからない投資信託のことをノーロードファンドと呼びます。

２つ目のコストは売却時にかかる信託財産留保額で、売却する金額の０・１〜０・５％程度がかかります。投資信託の売却時にファンドマネージャーは株式や債券を売り、現金に換える必要があります。その際に手数料やコストが発生します。売却する人が負担しなければ、保有を続ける他の投資家が間接的に負担することになるため、公平性を保つために必要な負担ともいえます。

一番注目すべきは信託報酬

３つ目のコストは、保有している間かかる、信託報酬などの手数料です。預けている資産の０・１〜１・５％程度が継続してかかります。

購入時手数料、信託財産留保額、信託報酬の３つのコストのうち、一番気にかけたいのは保有中に継続してかかる信託報酬です。

仮に10万円分の投資信託を保有した場合、信託報酬が０・１％であれば年間で必要となる費用は１００円、20年保有を続けたら２０００円です。一方、信託報酬が１％だと年間１０００円、20年で２万円。10万円を20年運用するのに１・８万円の差が生まれます。資産や期間が大きくなるほど、差額も広がります。

投資信託の3つのコスト

買う時

購入時手数料（販売手数料）
購入金額の0〜3%程度
※10万円なら、0〜3,000円

保有中

要注意

信託報酬
保有資産の0.1〜1.5%程度
※10万円なら100〜1,500円／年

売る時

信託財産留保額
売却金額の0.1〜0.5%程度
※10万円なら100〜500円

3つのコストが
当面すべてゼロという
商品も発売され話題に。
その口座で買える
他の商品も魅力的なら
選択肢になる

Point

**投資信託は
信託報酬を下げる競争が激化している**

03 投資信託のアセットクラスを見極めよう

投資信託＝初心者向け、ではない

分散投資が得意な投資信託とはいえ、どの商品でも初心者向けというわけではありません。**中身によって性格がガラリと異なることも、投資信託の重要な特徴の1つです。**

投資信託の商品説明書にあたる「交付目論見書」を見ると、その投資信託がどういう方針で運用される商品なのかを確認できます。例えば「国内株式のみ」、「全世界の株式」、「国内外の株式・債券に均等に」といった投資対象などもわかります。

ここから商品の傾向を理解するためには「アセットクラス」を知っておくのが良いでしょう。

主に6つのアセットクラス

金融商品の性格を似たものでグルーピングする区分けに「株式なのか債券なのか」そしてそのそれぞれに「国内、先進国、新興国のいずれであるのか」という考え方があります。つまり、大きく6つのグループ（アセットクラス）に分けられます。一般的に債券よりも株式が、先進国より新興国のリスクが高くなります。

商品を選択する際や、ある程度買い進めて現状を把握する際には、アセットクラスの配分をチェックします。複数の投資信託を購入しても、アセットクラスが同じなら、分散効果への期待は低くなります。

投資信託の中には「IT企業ばかりに投資をする」というテーマを持つ商品（テーマ型投資信託）も存在します。テーマ型投資信託の場合、テーマとされている業界が不振の際、銘柄全体が低迷する可能性があるため、一般的には分散効果は低くなります。

代表的なアセットクラス

小 ← リスク → 大（横軸）

大 ↕ リスク ↕ 小（縦軸）

	国内	先進国	新興国
株式	国内株式	先進国株式	新興国株式
債券	国内債券	先進国債券	新興国債券

大きく6つに分けられる

その他にもこんなアセットクラスも

不動産（REIT）

分配金が高い傾向

商品（金や小麦など）

インフレ対策になることも

Point

アセットクラスを意識することで商品の特徴を理解しやすくなるんだね

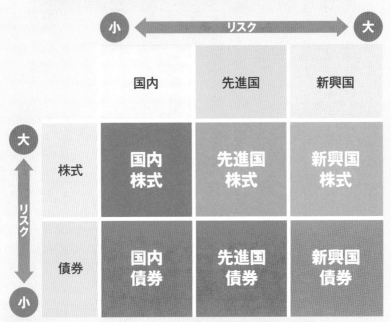

04 投資信託の運用方針を見極めよう

王道の運用はパッシブ

投資信託には大きく2つの運用方針があります。**代表的な経済指数に連動した運用を目指す「パッシブ運用」と、運用会社が独自に企業研究をして運用する「アクティブ運用」です。**独自に研究する分、アクティブ運用の方が信託報酬などの手数料が高くなりがちです。

いくらプロが分析しても、投資で勝ち続けることは難しいとされる中、手数料については支払うことが確定してしまいます。そのため、初めて投資を行う人が主軸にすべき投資信託は、**手数料を抑えられるパッシブ運用のものを選ぶことが王道です。**

連動している指数で投資先を把握

パッシブ運用の投資信託は「○○連動投資信託」、「××インデックスファンド」といった名称になっていることが多いです。

投資信託の商品名は、投資対象(指数・アセットクラス)、運用方針(アクティブかパッシブか)、運用会社名などが入っています。

パッシブ運用を行うインデックスファンドは、**どの経済指標に連動させようとしている商品なのかに注目しましょう。**自分の投資対象を把握することが大切です。

日本の株式に関する指数だと、TOPIXや日経平均が挙げられます。

TOPIXは従来、東証一部に上場している全銘柄で構成されていました。2022年4月に東証の市場区分の見直しがあったため、市場区分と切り離して徐々に調整されます。ただ、日本の株式市場を広範に網羅する指数という位置づけは変わりありません。

これから始める人にはパッシブ運用

アクティブ運用

運用会社が独自に企業を調べて投資する
手数料は高め

パッシブ運用

経済指数に連動した運用を目指す

パッシブ運用に使われる代表的な指数

日本	TOPIX（東証株価指数）	東証一部に上場する全銘柄を対象としていたが、徐々に変更中。ただし日本の株式市場を広範に網羅することは変わらない指標
日本	日経平均株価	東証一部に上場する銘柄のうち、代表的な225銘柄を対象とする（主に大手企業）
先進国	MSCIコクサイ	日本を除く先進国22カ国の上場企業を対象とする
先進国	S&P500	アメリカの代表的な500社を対象とする

Point

パッシブ運用の投資信託を
積立投資していくのが王道

05 待てば好機が訪れる！長期投資の効能

すぐに結果を期待しない

投資に取り組むにあたって重要な心構えとして「すぐに儲かることを期待しない」というものが挙げられます。預貯金とは異なる、価格が変動する投資商品を購入する場合、購入した商品の価格は上がったり下がったりを繰り返します。もちろん、下がり続ける投資先を選んでしまっているようであれば見直しは必要です。ただ、長期的に値上がりが期待される投資先も短期的には上がったり下がったりを繰り返します。

購入前は投資先を慎重に選び、以降は長期間「待てる」ことが重要で、待てる分の予算だけを投資に充てることが大切です。 待てる期間が長いほど、好機で売却できるチャンスも増えます。

長期間続けると成績が収束

投資の期間が長くなると運用成績のばらつきが収束されているというデータもあります。例えば1985年以降に毎月同額ずつ国内外の株式・債券の買付けを行った場合、保有期間5年では投資収益性がマイナス8%～14%と様々な運用成績が出現するのに対して、保有期間が20年になると年率2～8%に収束していくという過去のデータがあります。短期間での成績を求めるのではなく、長期間で好機が訪れるチャンスを増やすことや、成績が安定することを目指すのが良いでしょう。

また、長期で運用することで、運用して得られた利益をさらに投資に充てることもできます。 毎年利益が出るとは限らないため、完全に複利とはいえませんが、長期運用は複利的な効果も期待できます。

期間が長いと成績が収束

国内外の株式・債券に分散投資した場合の収益率の分布

20年の保有期間では、投資収益率2～8%（年率）に収斂。

保有期間5年

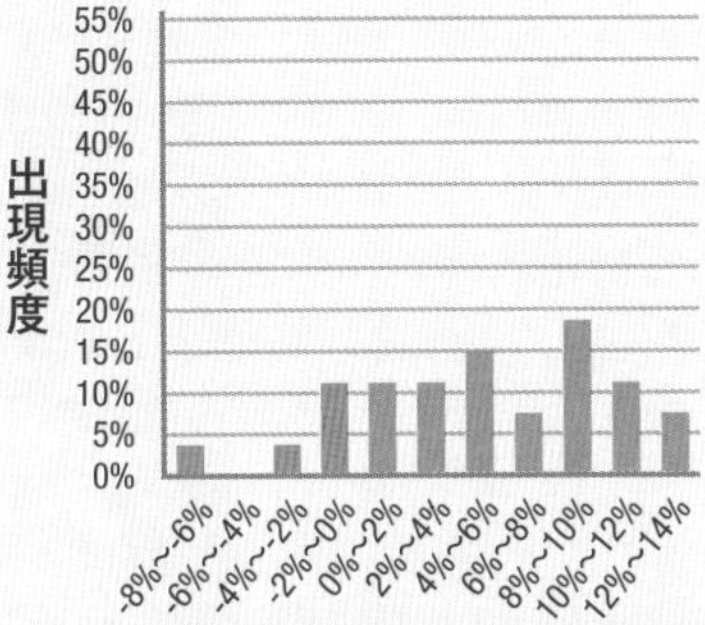

保有期間20年

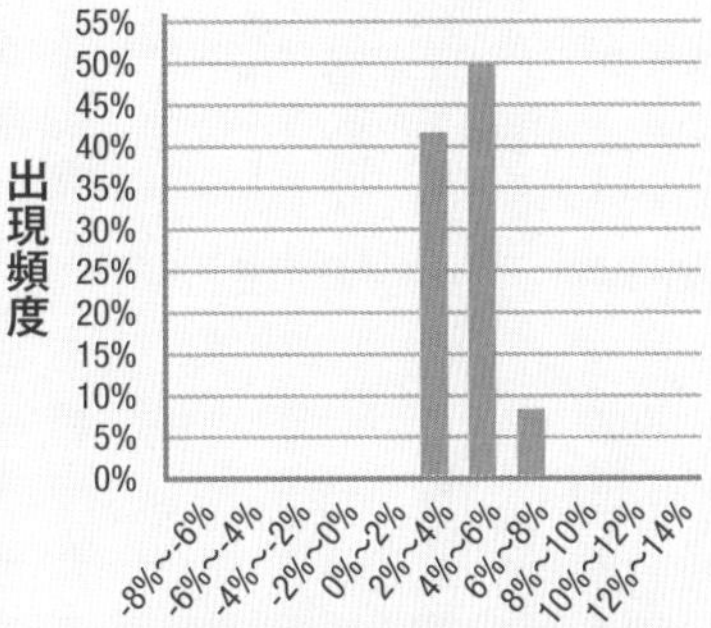

100万円が5年後に
↓
72万円～173万円

100万円が20年後に
↓
185万円～321万円

注：1985年以降の各年に、毎月同額ずつ国内外の株式・債券の買付けを行ったもの。各年の買付け後、保有期間が経過した時点での時価を基に運用結果および年率を算出している

出典：金融庁「長期・積立・分散投資に資する投資信託に関するワーキング・グループ」（第1回）事務局説明資料

長期投資の効能はこの他にも

- **チャンス到来の確率がUP**
- **利益を再度運用に（複利的効果）**

Point

短期で利益を出すのは難しいが、
長期ならある程度目指せると
されているよ

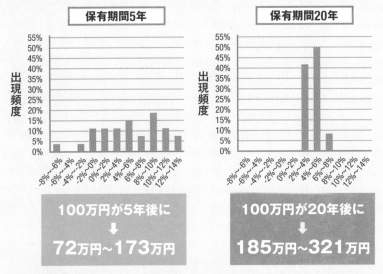

06 人間の感情を排除！積立投資の効能

「スポット」と「積立」

金融商品の購入には、好きな時にその都度購入する「スポット」と、毎月３０００円など一定のルールを決めて継続して買い進める「積立」という大きく2つの方法があります。

投資に関心が高くエネルギーを注げる人は「スポット」も選択肢ですが、王道は「積立」といえます。

スポットで購入しようと思うと、市場の動きを観察しながら、買い時だと思える時期に購入することを繰り返す必要があり手間がかかります。

また理論的には値段が下がっている時に多く買いたいところですが、実際の先は読めませんし、意外と恐怖を感じて買えないことも多いです。

積立購入であれば、普段は意識せず自動的に、感情に左右されずに継続しやすくなります。

取得額を平準化する

この「意識せず積立」のスタイルは、とても割高な時に買ってしまう事態を避けることにもつながります。

例えば、毎月３０００円、特定の投資信託を購入する場合、投資信託が１０００円の月は３口買えますが、１５００円の月は２口しか買えません。高い時には口数が減り、安い時には口数が増え、平準化した価格で取得できることになります。

こうした投資方法を「ドルコスト平均法」と呼びます。つまり、ドルコスト平均法は、すごく割安に買うことを狙わない方法ということになります。また、購入対象がずっと右肩下がりの場合は損もします。

ただ、取得額を平準化することで、取得額の振れ幅（リスク）が低くなる効能があります。

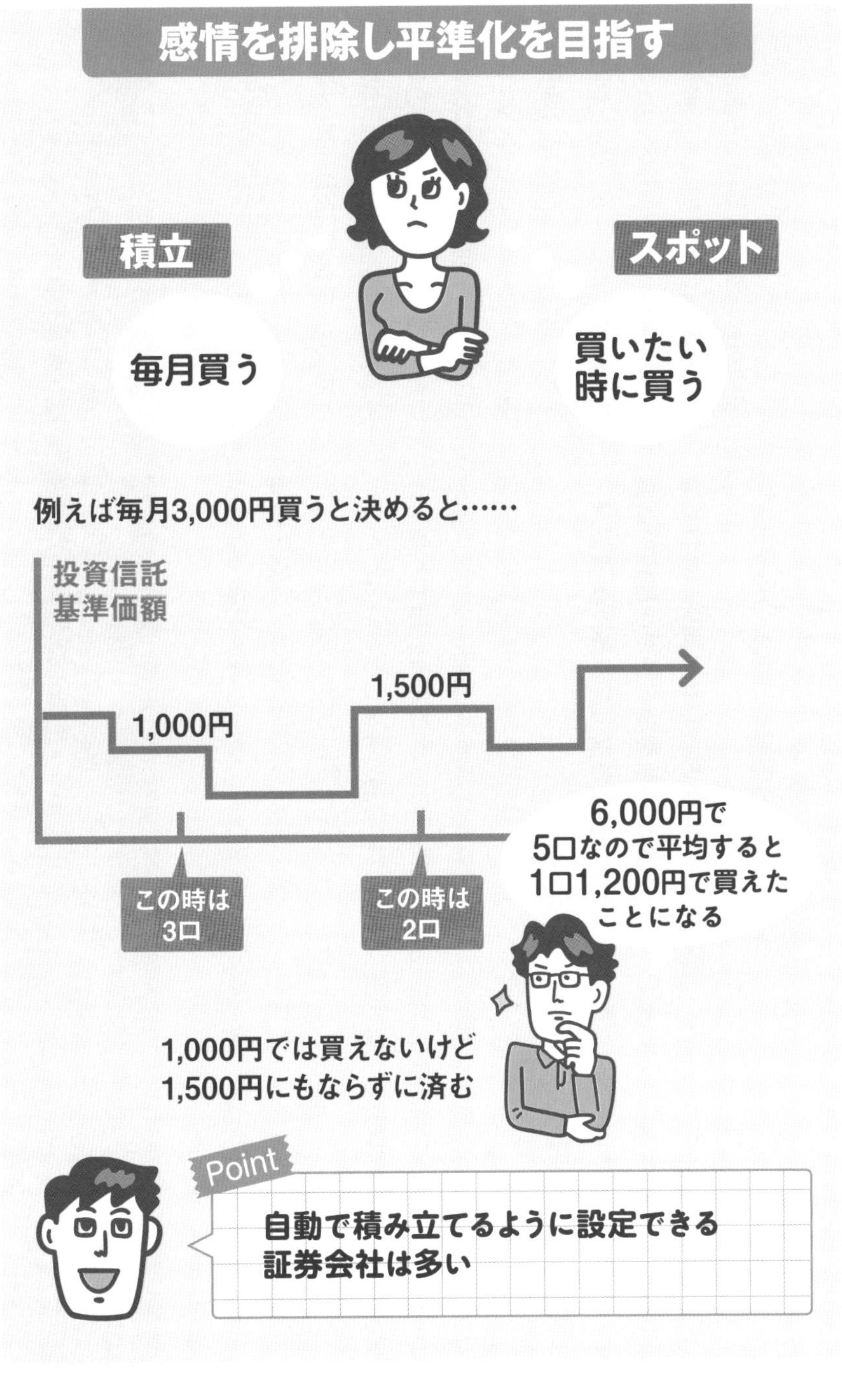
感情を排除し平準化を目指す
積立
毎月買う
スポット
買いたい
時に買う
例えば毎月3,000円買うと決めると……
投資信託
基準価額
1,000円
1,500円
この時は
3口
この時は
2口
6,000円で
5口なので平均すると
1口1,200円で買えた
ことになる
1,000円では買えないけど
1,500円にもならずに済む
Point
自動で積み立てるように設定できる
証券会社は多い

07 投資の最重要目的！分散投資の効能

性格の違いを意識する

巻頭で資産運用における投資とは、自分の資産の「価値」を維持するための取り組みだとお話ししました。これは、現金を現金だけで持つのではなく、いろいろな形に「変換して保有」をして、常に必要な分だけの品物が買えるように維持する取り組みと考えることもできます。

預貯金だけで保有をしていたら、物価が上がった時には購入する品物の数を減らすことでしか対応ができません。しかし、複数の性格の商品で資産を保有していたら、その中の調子が良いものを売却して現金に換え、今までと同じ数の品物を購入することもできるわけです（実際には、せっかく分散して保有している資産を取り崩して生活用品を買わなければならないほどの割合を投資に充ててはいけません）。

実現するためには、逆の値動きや違った値動きをする金融商品を複数持つことを意識することが大切です。

アセットクラスは分散投資の参考に

78ページのアセットクラスの考え方は、自分が十分に分散投資できているかをチェックするのに役立ちます。

例えば、国内株式投資信託Aと国内株式投資信託Bの2つを買っても分散効果はあまり得られないことがわかります。

新たな商品を購入する時や、自分の資産がどういった商品にどのくらいの割合で配分されているのかを確認するには、アセットクラスを意識してください。アセットクラスが異なる商品を複数保有することで資産の性格を分散することができます。

分散投資の効能

現金だけで保有

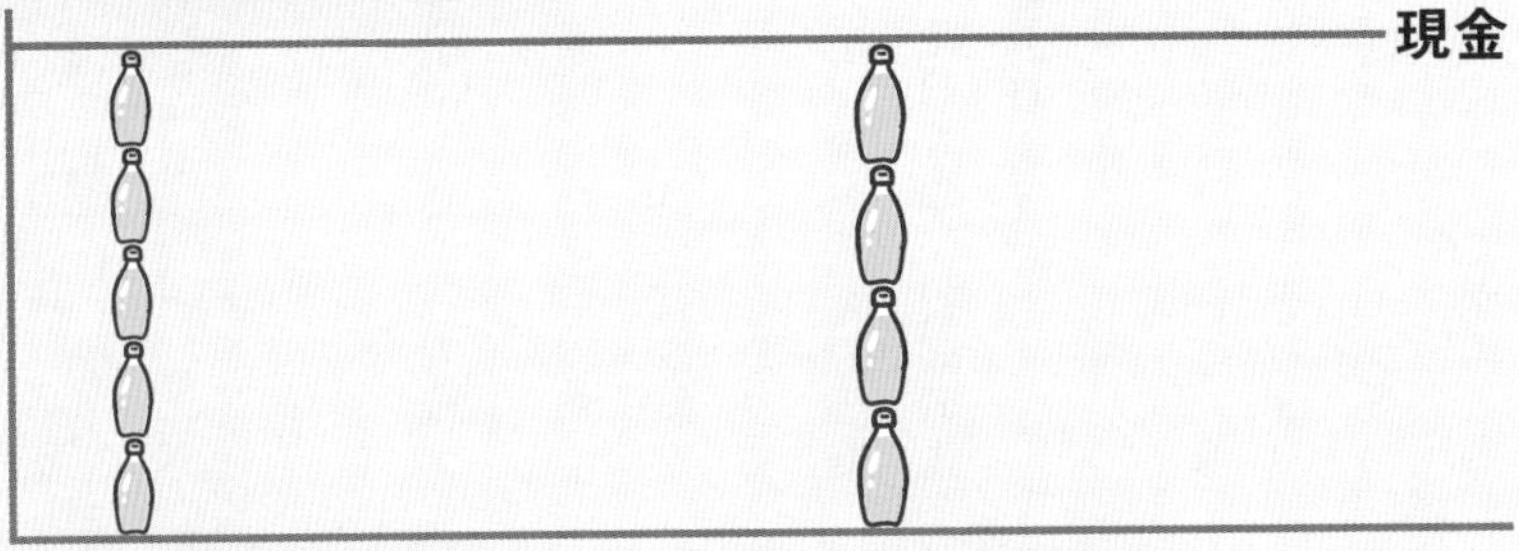
現金

ジュースが安い時は
5本買えた

ジュースが高くなると
4本しか買えない

分散して資産を保有

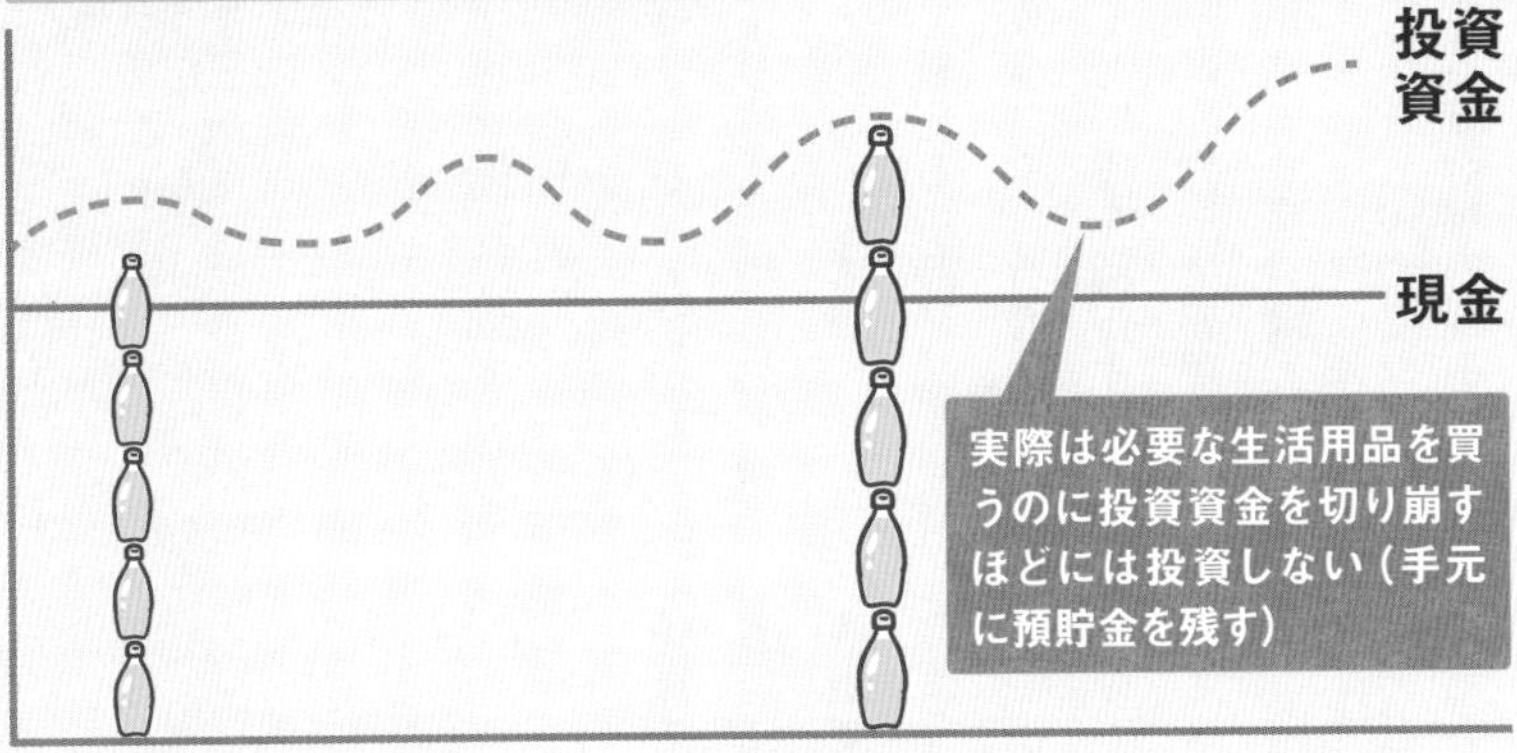
投資
資金
現金
実際は必要な生活用品を買うのに投資資金を切り崩すほどには投資しない（手元に預貯金を残す）

ジュースが安い時は
5本買えた

ジュースが高くなっても
5本買える

Point

この例ではジュース4、5本が絶対に必要な人は投資しづらい。
1、2本でいい人は投資しやすいね

08 上場投資信託（ＥＴＦ）って何？

投資信託は値段がわからず買う

投資信託は、複数の商品を組み合わせているため、その評価額を特定の時間で締め、確定させる必要があります。そのため、**投資信託の価格（基準価額）は１日１つ。株式のように刻々とは変わりません。**

通常、私たちが投資信託を購入する際は、ファンドAを1万円分、などと指定して購入します。その日の基準価額は翌日に決まることが多いため、自分が取得できる口数などは購入時にはわかっていないことが一般的です。

株式の取引では、同じ銘柄を売りたい人、買いたい人が広場に集まって、値段がマッチングすれば取引が成立するイメージです。両者の希望で価格は刻々と変わります。

流れに任せて買える値段で購入する成行（なりゆき）や、５００円だったら買いますと値段を指定する指値（さしね）などの方法で売買します。手間はかかりますが、購入価格という観点だと、株式の方が、より自分が納得できる取引ができそうですね。

ＥＴＦは指値ができる投資信託

ＥＴＦ（上場投資信託）は、投資信託ではありますが、株式のように広場に集まり、購入価格を指定して取引することができます。投資信託のように少額で分散投資ができるうえ、株式のような取引のしやすさも備えています。信託報酬も投資信託に比べて低いことが多いため、合理的な投資対象といえます。

積立購入できる商品が少ないため、手元に資金がまったくないと始めづらいですが、検討したい商品です。

投資信託と株式とETF

投資信託

価格は1日1つ

株式

売りたい人の価格と買いたい人の価格が
マッチしたら売買成立

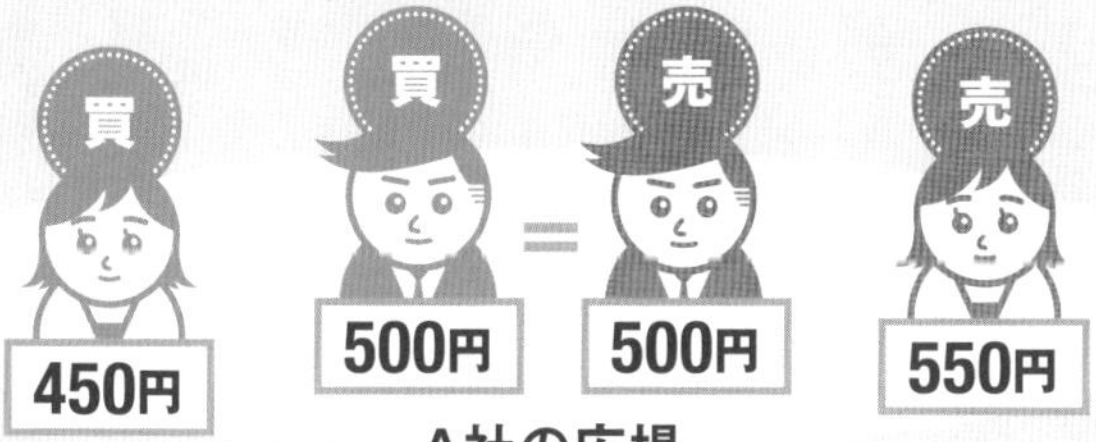

A社の広場

ETF

投資信託と株式のイイトコドリ

A商品の広場

Point

ETFは投資信託のように分散投資でき、
株式のように取引がしやすいよ

09 築いた資産を切り崩す方法

金融商品はいつ売るの?

「少額」など投資する金額を調整し、「長期・積立・分散」で運用を続け、その金融商品はいつ売るのか、と気になる方もいるでしょう。

基本的には自分の資産を預貯金以外の形に変換して保管しているだけなので「使う時まで売却しない」というのが目指すスタイルになります。**利殖性を期待する金融商品への予算は10年や20年使わない金額を充てるのが適当です。**そのため、それより早く売却して現金として使いたいと思うのであれば、少し投資額が多すぎるかもしれません。

一般的には現役時代や60代くらいまで投資信託をコツコツと積み立てて、70歳くらいから切り崩し、90歳や100歳までの生活費に補填していけると理想的です。

売却する時にもコツコツと

積立で投資を行うと、評価額が高い時には少ない口数が、評価額が低い時には多い口数が購入でき、取得価格が平準化されるとお話ししました。

売却時でも同じことがいえ、どこかのタイミングで一気に売却をすると、そのタイミングがとても高く売れる好機だった可能性も、もっと待つともっと高く売れるタイミングだった可能性もあります。

それを防ぐためには、毎年など少しずつ売却するのがベターです。

積立で購入した投資信託は、「定期売却」のサービスが選べることが多いです。年10万円など「定額」を指定する方法、毎年保有資産の10%など「定率」を指定する方法、毎年10万口など「定口」を指定する方法があります。

売却もコツコツ行う

定額指定

「毎年10万円」など金額で指定する

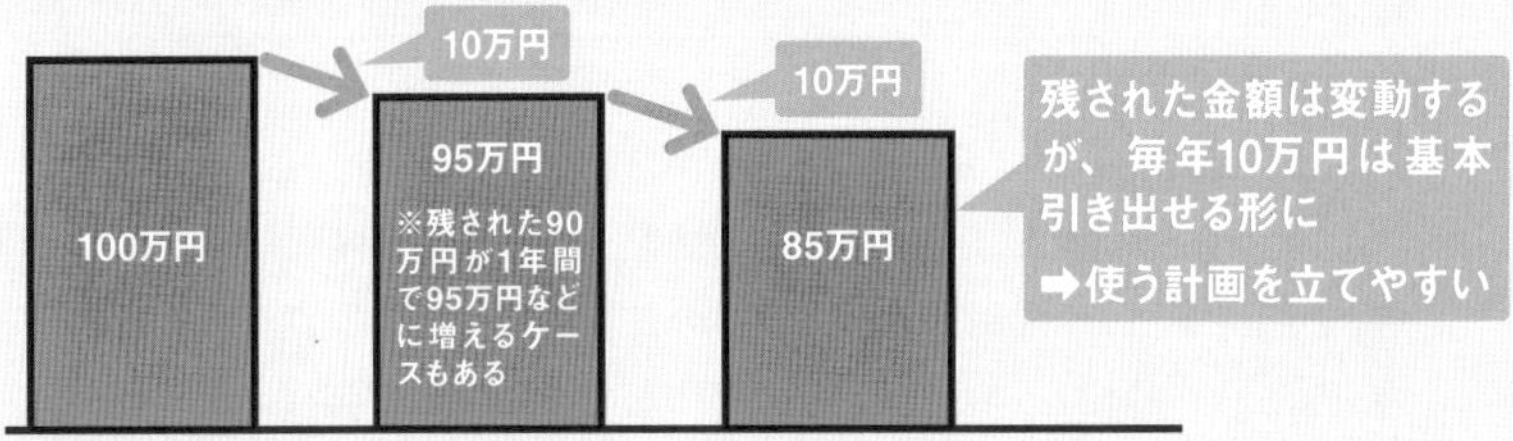

定率指定

「毎年残りの10%」など率で指定する

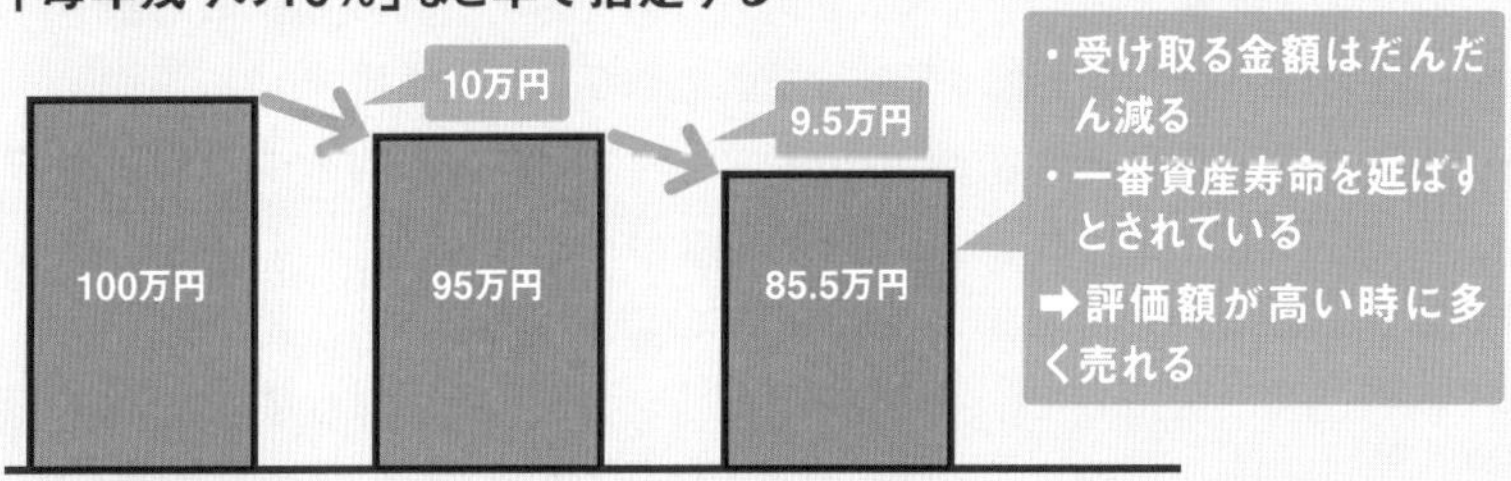

定口指定

「毎年10万口」など口数で指定する

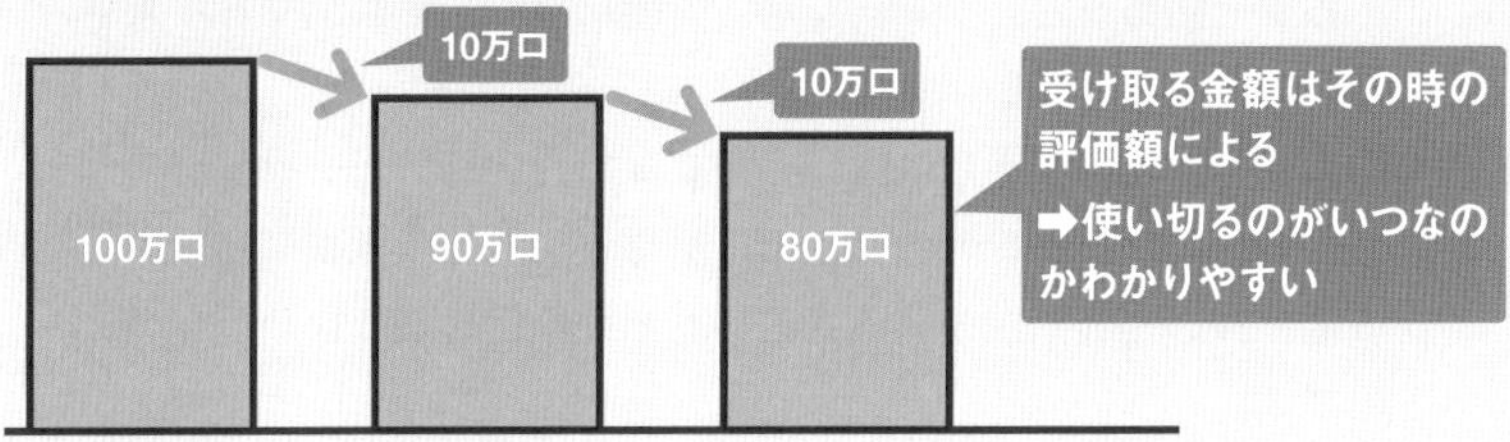

Point

定期売却サービスを使うと上のようになるが、「必要な時に必要な分だけ売却する」という選択もあるよ

COLUMN

投資は魔法の杖にはなれない

第3章01節で「金融商品には向き不向きがある」とお話ししたように、商品ごとに利殖性を期待すべき商品、流動性を期待すべき商品など、得意分野が異なります。特定の商品が良かったり悪かったりするのではなく、自分が期待している効果を得意とする金融商品を選べたか選べなかったかで、うまくいくか後悔するかが変わってくると考えた方が良いでしょう。

初めて資産運用を行う人が陥りがちな落とし穴に、投資に魔法の杖のような効果を期待することが挙げられます。

効果を期待しすぎて大きなリスクをとり、大失敗をし、二度と投資に手を出さないと思ってしまうケースも多いです。

残念ながら、投資には魔法の杖のような効果はありません。一方で、大損したり、借金を背負うようなことにならないように運用をしていくことは、要点を押さえれば十分に可能です。

期待しすぎず、恐れすぎず、ほどほどを狙っていくことが、資産運用を長く心地よく続けていくためのコツといえます。

投資を始めると、一番安くなった時に買い、一番高くなった時に売りたい気持ちになることがあります。

しかし、未来の予想は誰にもできないため、今が一番高いのか、安いのか、その時点で正確に当てることはできません。最安値で買い、最高値で売ることは初めから目指してはいけないのです。

概ね安く買い、概ね高く売れたら上出来で、だいたい有利だった、というバランスを目指すのです。複雑な商品を買わない、持っているお金以上を投じない、利益がこまめに配られるものを選ばない、といったいくつかの王道の方法を守りながら、お金の1つの置き場所として「概ね有利」を目指していきましょう。

CHAPTER 5

第5章

貯めたお金を日常で賢く使おう

01 お金を使わないのが偉いわけではない

現金を商品に換えるのも投資

本書では資産運用の中でも投資を中心に考えていますが、実は日常生活の買い物行動も投資といえます。**投資は現金を何かの金融商品に換えて資産を保管する取り組みですが、日常生活の消費も現金を商品やサービスに交換する行為です。**お金はできるだけ使わない方が偉いと考えてしまいがちですが、価値あるものに交換できているのであれば、それは有効なお金の使い方といえます。

有効にお金を使うための方法として「3回自分に問いかけても欲しいと思えるものだけを買う」といったテクニックがあるわけです。人は意外と瞬発的に物を買いたくなります。一度その場を離れてクールダウンして、それでも欲しいと思えるか、買う前の熟考が納得度の高いお買い物につながります。

繰り返し価値を生むものを買う

何かを買う時に意識をすると良いのが「繰り返し価値を生むだろうか」という観点です。今だけでなく何度も買った効果が得られる買い物であれば同じ金額の支払いでも効果が大きくなりますね。

一般的にはモノより経験を買う方が、以降の考え方や判断に影響を与えるため、価値が高まりやすいとされます。

払うことが決まっているお金を、先々も価値を生むようにできる工夫もあります。例えば、やや気が進まない会社の飲み会でも、以降の仕事を円滑にすることを意識して参加をすると、会費は同じでも投資効果が期待できます。より価値を実感できる支払いを目指したいですね。

入ってきたお金を効果的なものに交換したい

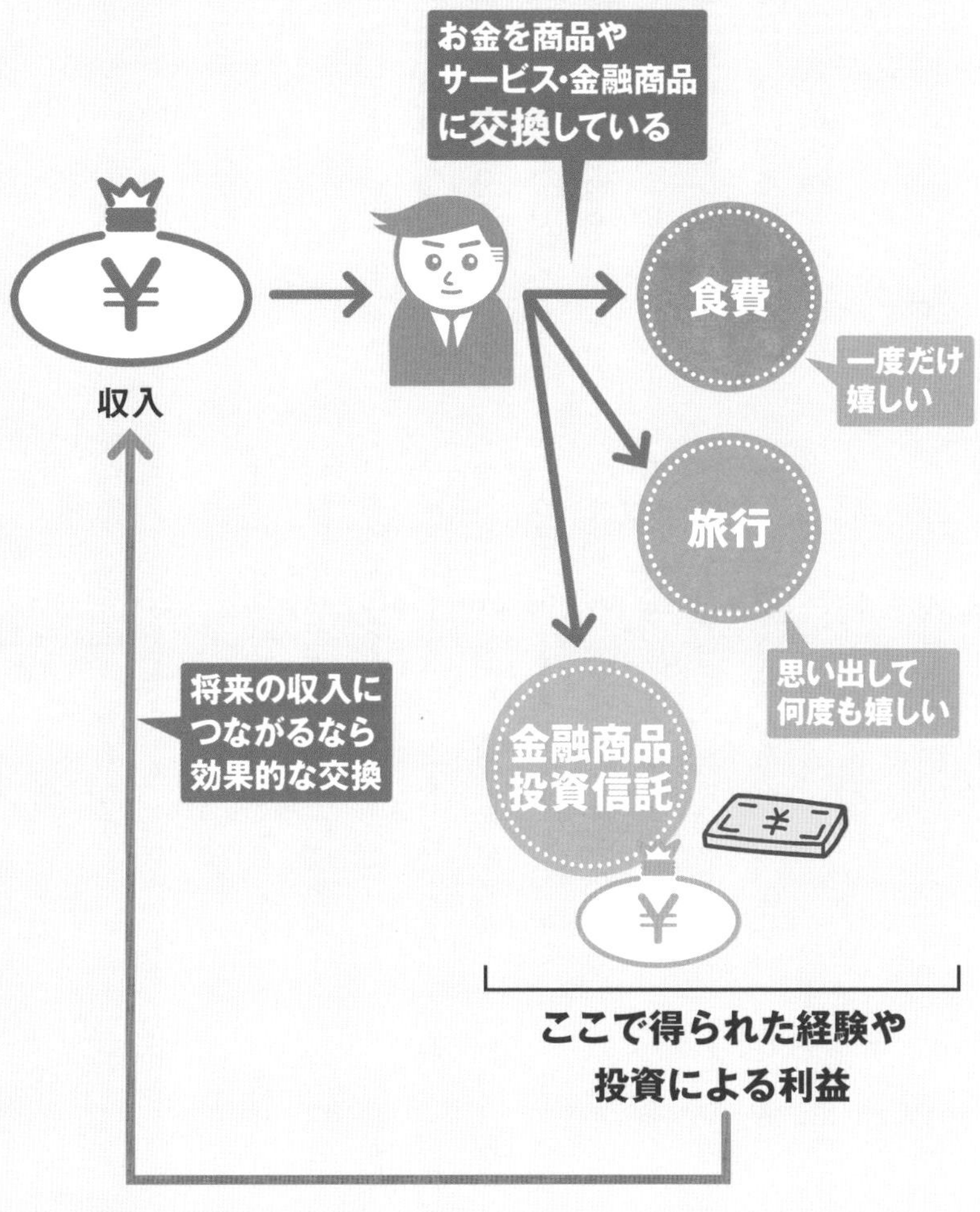
お金を商品や
サービス・金融商品
に交換している
収入
食費
一度だけ
嬉しい
旅行
思い出して
何度も嬉しい
金融商品
投資信託
将来の収入に
つながるなら
効果的な交換
ここで得られた経験や
投資による利益

Point

同じ金額を払っても、より嬉しいものや満足度が高くなることを意識する

02

安さにこだわるのはどんな時？

ちょっと高いかなと思ったら

時間は節約できるけど、ちょっと高いかなと思う買い物ってありますよね。例えば片道15分のスーパーまで行けばお弁当が３００円で買えるけど、家のすぐ下にあるコンビニだとお弁当が５００円になるケース。

こうしたちょっとした価格差が気になった時の判断のために自分の時給を知っておくのがオススメです。

月に手取り20万円を稼いでいる人が、月20日、1日8時間勤務の場合、時給は１２５０円。スーパーまでの往復30分は時給で考えると６２５円相当になります。お弁当の価格差よりも時給の方が高いので、コンビニで済ませても良いのかもしれません。

もちろん、時給よりも価格差がないからと何でも選べば良いわけではありません。今選ぼうとしているものが、自分の時間の何時間分なのか視点を変えてみることで、その支払いへの納得度を測るために使います。

金額の大きなものを気にかける

とはいえ、少額の買い物についても毎回価格差を確認することはなかなか続けづらい上に、苦労に対する節約の度合いが少ないですね。

お金の使い方を見直したいのであれば、高額な費用がかかる時にしっかり比較をするのがオススメです。

例えば住宅や白物家電、旅行などはまとまった金額を一気に支払うことが多く、しっかり比較をすると数万円や数十万円お得になることもあり、労力対効果が高いです。

特に白物家電は、購入時期を研究すると半額などで買えることもあるので、ぜひチェックしてみましょう。

時給を把握しておく

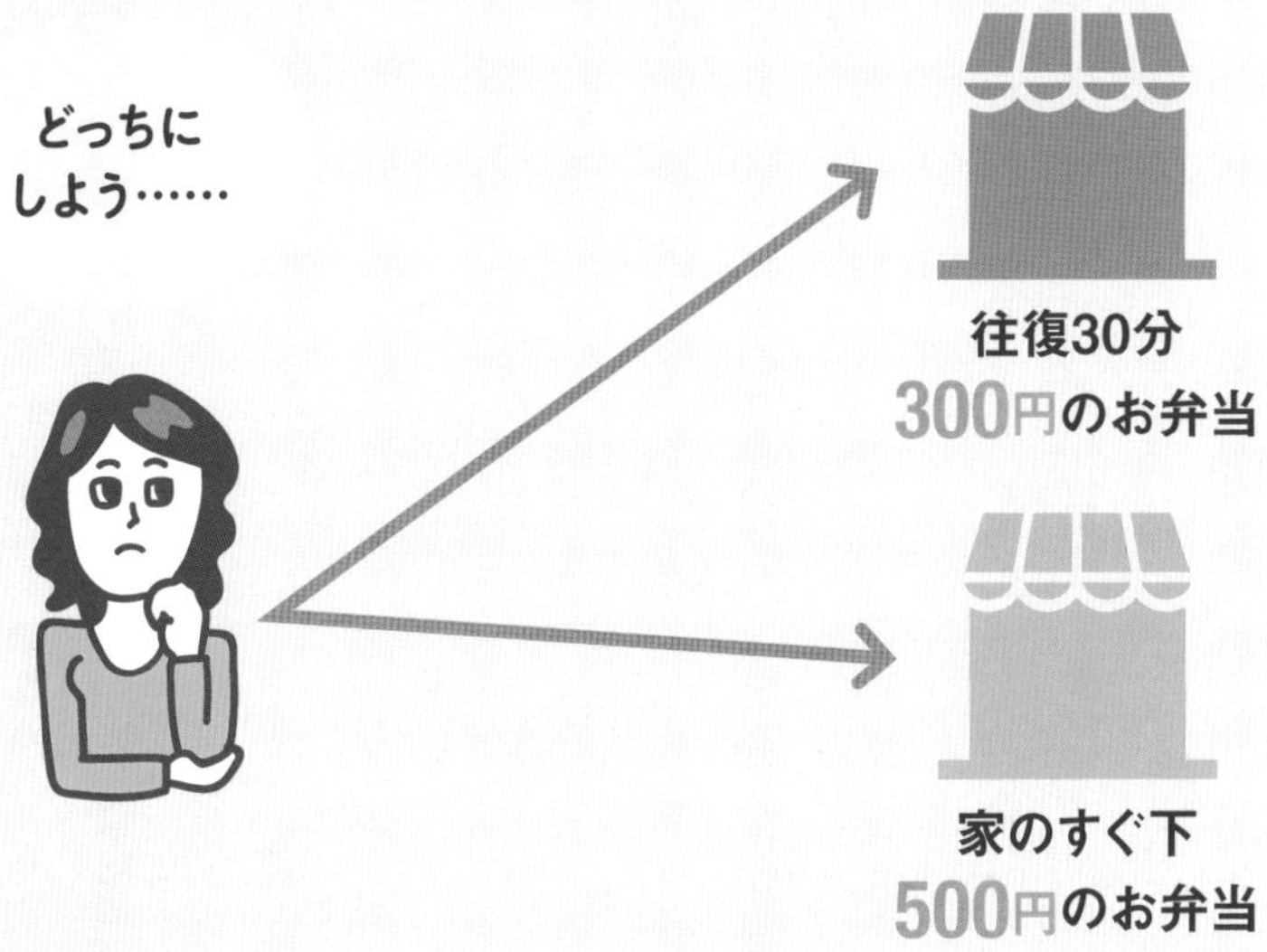

自分の時給

手取り20万円 ÷ 月20日・1日8時間 ＝ 時給1,250円

自分の30分は
625円相当なので
500円のお弁当にするか

など

Point

**判断に迷った時には自分の時給が
参考になるかも**

03 キャッシュレス決済のお得な使い方

「少ない種類で広くカバー」を意識

46～49ページでは、キャッシュレス決済の特徴についてお話ししました。家庭にとってお得になるには、どういう使い方が良いでしょうか。

まず挙げられるのは、できるだけ数を増やさずに生活の多くのシーンをカバーすることを目指すという観点です。決済手段が増えると貯まるポイントもばらけます。利用単位が100Ptなどのケースもあり、細切れのポイントがあっても結局使えないということにもなりかねません。

また、多くの決済手段を使っていると何カ所も利用履歴をチェックしなければならず、不正利用の発見が遅れる恐れもあります（ある程度は家計簿アプリでまとめて見ることもできます）。**少ない決済手段で、生活の多くに利用できると理想的です。**

グループをそろえる

次に挙げられるコツは、グループを統一するということです。

PayPayを使う人はクレジットカードをPayPayカードにし、利用するECサイトはLOHACOやYahoo!ショッピング、通信会社はSoftBankにしていく、といった具合です。貯まるポイントも統一しやすくなりますね。

多くの決済サービスは、**そのサービスをよく使っていたり、関連企業のサービスを併用することで還元率がアップしたり、有利に使える組み合わせが増えたりする**「お得意様プログラム」のようなものを準備しています。

普段のお買い物パターンを振り返り、無理のない範囲で統合していくと効率よく続けやすくなります。

決済手段は増やさない

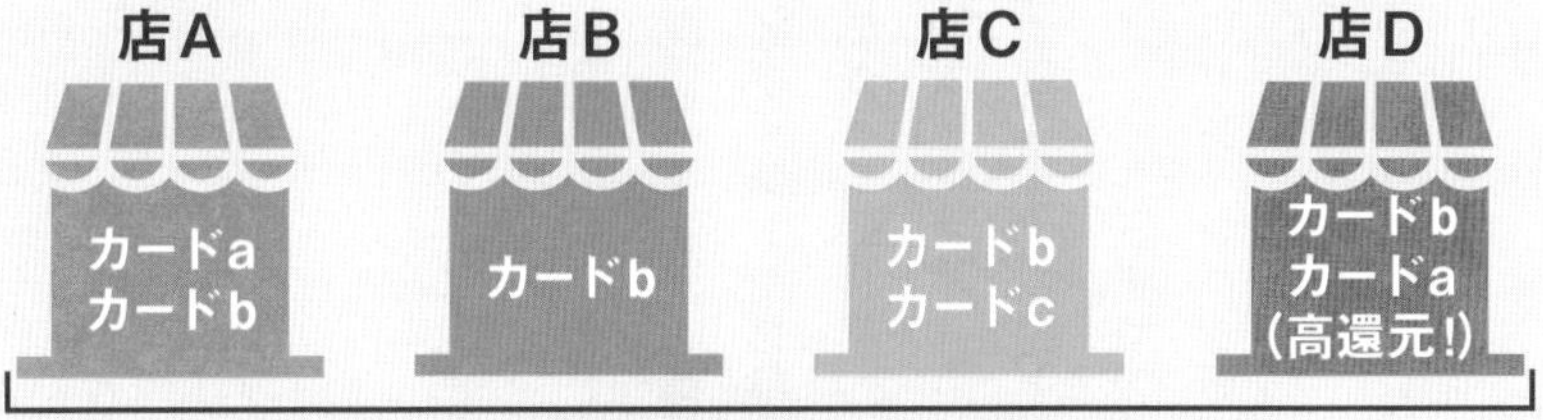

店Dのカードaの高還元をとれなくても
カードbに統一するのが概ね有利

グループもそろえたい

PayPayポイント
PayPay
LOHACO
Yahoo!ショッピング
SoftBank

Pontaポイント
au PAY
じゃらん
ホットペッパービューティー
ローソン
auカブコム証券
au

dポイント
dカード
ファミリーマート
マクドナルド
NTTdocomo
JAL

楽天ポイント
楽天カード
楽天ペイ
楽天市場
（ふるさと納税）
楽天銀行
楽天証券

Point

決済手段も貯めるポイントも
名寄せしていくイメージ

04 ポイントと投資のお得な関係？

投資をするとポイントがもらえる

前ページのグループをそろえる考え方にも関係しますが、**最近では投資をするとポイントが付与されるサービスも広がっています。**

楽天証券なら楽天ポイント、ＳＢＩ証券ならＴポイントやＰｏｎｔａ、ｄポイント、三井住友カードを利用すればＶポイントを貯めることができます。

設定を行うと取引内容に応じて自動的に付与されたり、特定のクレジットカードを利用すると貯められるなどがあります。

付与されるポイントに上限があるケースや、購入する商品によって還元率が異なるケースもあります。

注意点は、ポイントを理由に商品や投資金額を変えないことです。例えば、3万円の投資を予定していたのに、ポイント付与の上限額が5万円だからと5万円の投資をしたり、還元率が高いからと予定外の商品を選んだりしないようにしましょう。

投資で部分的にポイントが付与されても、購入した商品の運用成績で損失が出ては本末転倒です。冷静な運用が続けられるよう、ポイントがついてもつかなくても買いたい商品・金額で投資を行いましょう。

ポイントでも投資ができる

投資で付与されたポイントや、お買い物で貯まったポイントを使い、投資を行うことができるサービスも増えています。

資産形成の柱にすることは難しいかもしれませんが、現金による投資が怖いと感じている人は、トレーニングとしてポイントでの投資を検討しても良いかもしれません。

投資でポイントを貯める、ポイントで投資する

投資でポイントを貯める

SBI証券	• 投資信託の保有や取引手数料に応じて Tポイント、Ponta、dポイント • 三井住友カードで投信積立 Vポイント
楽天証券	• 楽天カードで投信積立 楽天ポイント
マネックス証券	• マネックスカードで投信積立 マネックスポイント
auカブコム証券	• au PAYカードで投信積立 Ponta

※積立できる上限金額が定められています（5万円など）
※購入銘柄によって還元率が異なることがあります

ポイントで投資する

	投資信託など	株式など
ポイントを現金代わりに使う	• 楽天証券で楽天ポイント • SBI証券でTポイント、Ponta	• LINE証券でLINEポイント • 日興フロッギーでdポイント
ポイントをポイントのまま使う（売却してもポイントとして戻る）	• 楽天ポイント運用 • PayPayポイント運用 • dポイント投資	• STOK POINTで永久不滅ポイント

Point

ポイントはあくまでおまけと考えて判断を変えないようにしよう

05 支払い方法を見直そう

先に払うと大抵有利

　手元にあるお金を銀行の普通預金などに預けても、受け取る利息が少ない低金利時代。**「預ける」の逆で、支払いを前倒しにすることで割引が受けられることは多いです。**

　民間の生命保険や医療保険などは、毎月払いにするのではなく年払いにすることで、商品によって3％などの割引が受けられます。火災保険なども1年ではなく5年などまとめて払う方が安くなります。ＮＨＫの受信料や、国民年金加入者であれば国民年金も半年、1年、2年前納などが選べ、先に払うほど割り引かれる金額も大きくなります。

　ＵＲ賃貸住宅などもまとめて支払う期間に応じて割引率が適用されるため、新たなサービスを検討する際は、先に払って割引を受けられないか確認すると良いでしょう。前払いで受ける割引は、資金に余裕がある際に、優先順位を考えながら選択できると良いですね。

基本は避けよう後払いサービス

　前払いとは逆に後払いを実現するサービスもたくさんあります。

　クレジットカードやリボ払い、最近ではBNPL（Buy Now, Pay Later：今買って、あとで払う）と呼ばれる、新しい審査方法での少額融資サービスもあります。ただ、基本的には買い物は手元にある資金の中で行うのが原則。欲しいものがある時にはお金を貯めてから買いましょう。貯めている間に本当に必要なのかを吟味することにもなります。**後払いの多くは利息や手数料がかかるため、同じ品物を買うのに、より多くのお金を払うことになります。**

支払い方法を変えるだけ

先に払うと有利

生命保険

年払いに変更　12万円 ➡ **－3,600円**（年）

NHK受信料（地上契約）

年払いに変更　1万4,700円 ➡ **－1,050円**（年）

国民年金保険料　※令和4、5年

２年前納　39万7,320円 ➡ **－1万4,540円**（２年）
－7,270円（年）

固定費

クレジットカード払いに変更　年間24万円 ➡ **2,400円分**（年）
※ポイントで付与

年間にすると **1万4,320円** のお得

あとで払うと不利

- クレジットカードのリボ払い
- 後払いサービス
- BNPL　など

Point

低金利時代、ゆとりがあるなら
先払いで有利になるのも良いね

06 住宅は購入と賃貸どっちがいいの？

どちらともいえない

賃貸と購入のどちらが良いか、というテーマには、実は答えはありません。賃貸なら生活の変化に合わせて柔軟に対応できること、家賃相場が下がったらコストを抑えられるなどの利点があります。

購入には、ローン完済以降は維持費だけで住めるため、人生の住居費の見積もりがしやすいというメリットがあります。資産価値が維持しやすいエリアであれば、売却したり賃貸に出したりすることで、金銭的なメリットを得られる可能性もあります。

いずれも「家賃相場が下がるなら賃貸」、「資産価値が維持しやすいエリアなら購入」など条件が付きます。

資産なのか、人生の住居費なのか

住居には資産的な側面と、人生全体の住居費を担当する側面があります。都心部など人口が減ったとしても最後まで人気が落ちにくいと期待される立地の物件は、資産価値が見込める「購入」による金銭的メリットが出やすい傾向にあります。自分のライフスタイルと合っているなら購入を検討しやすくなります。

自分のライフスタイルと資産価値が高い立地が、住宅としてフィットしないこともありますよね。そうした場合では「賃貸」を選択することや、人生全体の住居費として考えた時に、無理のない購入金額を慎重に検討しましょう。

一般的には年収の5倍程度までの住宅ローンであれば、無理なく返済しやすいといわれています。60歳や65歳で完済することを目標に返済計画を立て、予算を決めてから物件探しに出かけるのが良いでしょう。

正解がない購入or賃貸

	購入	賃貸
メリット	●人生の住居費が見積もりやすい ●同じ支払いなら住まいの質が高い可能性がある	●人口減少で家賃水準が下がると結果的にコストを抑えられる可能性も ●ライフスタイルに合わせて環境を変えやすい
デメリット	●人口減少で家賃水準が下がると結果的に高い買い物になる可能性も ●ライフスタイルに変化があった時に売却など手間がかかる	●老後いつまで家賃を払い続けるか未定 ●同じ支払いなら住まいの質が低い可能性がある

購入時の戦略

●**資産性重視**

都心の値下がりしにくい物件（価格がやや高く、広さに妥協も）

●**居住性重視**

人生全体の住居費として無理がない予算をシビアにチェック（年収の5倍以内のローン、今の家賃と比較）

Point

ライフスタイルを振り返って どちらの戦略・物件が合うか考えてみよう

07 効果的なサブスク活用法とは？

基本は増やさず定期的に見直し

音楽や雑誌、洋服、花など、毎月定額を払うとその期間中、利用し放題などになるサブスクリプション（サブスク）。**定額制や定期購入という意味を持つとおり、代表的な固定費（42ページ参照）にあたり、本当は削減したい支出です。**

十分活用できている分には問題ありませんが、生活スタイルが変わってあまり活用できていないなら、忘れず解約していきたいところです。3か月や年に一度、サブスク契約をリストアップして、しっかり使えているもの、最近ご無沙汰になっているもの、棚卸ししていきたいですね。解約に手数料がかかるなどある場合は、解約しやすいタイミングをカレンダーなどにメモしましょう。

サブスクが有利に働く3シーン

基本的には増やしたくないサブスク契約ですが、**有利に働くことが多い3つのシーンがあります。**

1つは元々「ヘビーユーザー」で月額利用料のモトを、ほぼ確実にとれているケース。コーヒーやパンのサブスクなど、毎日習慣的に消費しているものなどが該当します。

2つ目は「バリエーションが必要」ですべて買っていられないケース。音楽や雑誌、洋服、鞄など、種類をたくさん使うことで効果を発揮するようなシーンが該当します。

3つ目は「期間限定」で利用するケース。単身赴任で利用する家具や、使いこなせるか不安な最新家電の試用などが該当します。

買う・買わない以外の選択肢が生まれていることを、上手なお金の使い方につなげていきたいですね。

基本は減らしたいサブスク

- 3か月や年に1回棚卸し
- 解約予定日をカレンダー管理
- ライフスタイルが変わったら見直し
（在宅比率の変化で見直し　など）

サブスクが有利に働くシーン

ヘビーユーザー

月額利用料のモトがとりやすいケース

例）コーヒー、ビール、パンなど常用している
ものののサブスク

バリエーションが必要

種類が豊富なことを求めているケース

例）音楽、雑誌、洋服などが仕事に関係して広く
目を通したい等

期間限定

一時的に使いたくて、買うほどではないケース

例）単身赴任の家具、家電、最新の家電のお試し

Point

定期的に見直して、しっかり活用
できているものだけを残そう

08 制度を上手に活用する!

会社の資格手当をチェックしよう

第1章ではお給料から差し引かれている控除について確認をしました。**この控除で支払っている保険料などをしっかり活用することも、賢いお金の使い方といえそうです。**

例えば24ページで紹介した、教育訓練給付を利用して、狙っている資格を取得するのも良い方法です。

企業によっては、資格を取得した際、一時金や、資格手当を支給してくれるところもあるため、即効性も期待できます。手当を出している資格を狙いにいくことは、期待されているスキル獲得の近道ともいえます。

26ページでは健康保険について触れましたが、健康保険によっては旅行に手当が出たり、割安に宿泊できる保養所が準備されているケースもあります。会社勤めの人はもちろん、自治体ごとに国民健康保険加入者や、在住者に対して保養所や宿泊補助を行っているケースもあるので、チェックしてみましょう。

制度はどこでチェックする?

こうした活用できる制度はどこで確認をすると良いでしょうか。

会社に勤めている人の場合は、福利厚生にまつわる小冊子や、社内のイントラネットなどにまとめられていることが多いです。健康保険証に記載された健康保険の運営団体のHPを確認するのも有効です。

自治体の制度は、自治体のHPや駅のラックなどで配布される「広報誌」をチェックすると良いでしょう。自治体の広報誌を閲覧できるアプリの「マチイロ」や家計簿アプリZaimの「わたしの給付金」機能などスマホで簡単に確認できる方法もあります。

制度を有効活用

制度の一例

- 雇用保険の教育訓練給付（24ページ参照）
- 健康保険の保養所や旅行手当
- 自治体の宿泊補助や無料イベント
- 決済事業者と提携のポイント還元　など

制度はどこでチェックする?

- 勤務先の福利厚生の冊子やイントラネット
- 健康保険運営団体のHP
- 自治体のHP、LINEやTwitterアカウント
- 広報誌
- アプリ「マチイロ」（全国の広報誌が読める）
- 家計簿アプリ「Zaim」の「わたしの給付金」（給付金を検索できる）

Point

窮《きゅう》地《ち》に立った時にも、制度を調べる習慣があると助かることがあるよ

COLUMN

その支払いは過去、現在、未来？

有効なお金の使い方を目指す時に、その支払いが過去、現在、未来のどこへの対価なのかを考えてみると、参考になるかもしれません。

例えば寝坊をして慌てて使うタクシーや、不摂生を要因とする医療費などは、どちらかというと過去の行いに対して支払う費用と考えられます。同じタクシー代や医療費でも、成果を生み出すために仕事をしながら移動することや、健康を維持するための予防・定期健診などは、より良い未来に向けた支払いといえます。人数や場所などの関係でタクシーを選ぶのが適当な場合や、防ぎようのなかった怪我や病気に対する医療費は現在への支払いといえそうですね。

こうして見てみると、現在への支払いは必要な時に必要な分だけ適宜行い、心がける余地があるなら「過去よりも未来に」対する支払いを増やしていけると、同じ金額の支払いでも効果を高めることができそうです。時々、「この支払いは過去、現在、未来のどこに対して行っているのか」を意識してみましょう。

時間軸とお金の関係でいうと、借金は時間を圧縮して先にお金を手に入れる方法といえます。本来であれば時間をかけてでもお金を準備して何かを購入するのが適切ですが、利息などを払ってでも先にお金を手に入れて、何かを買う方が有利なシーンでは選択肢になります。

住宅ローンや奨学金、場合によっては自動車の購入などは借り入れが選択肢に入ります。先に得られる「住める、学べる、乗れる」権利が、利息や手数料よりも投資効果があると考えられるためです。借金は基本的にはしないが、利息を上回る投資効果がある場合は検討するという判断の仕方になります。

CHAPTER 6

第6章

NISA（つみたて）と iDeCo どっちがいいの？

01 主な税制優遇口座の特徴比較

大きな3つの選択肢

投資を始めようと思ったら、投資に対する利益が非課税になる税制優遇口座を優先的に利用するのが有利でしょう。**通常、投資を行って利益を得たら、約20%の税金がかかりますが、税制優遇口座を利用すると税金がかかりません。**このことで利益を効率的に次の投資に充てられます。

大人が選択できる税制優遇口座は２０２３年時点だと大きく３つ。

いつでも引き出せ、口座維持には手数料がかからず、商品もある程度絞り込まれている「つみたてＮＩＳＡ」。株式にも投資できるスポット購入も選択できる「一般ＮＩＳＡ」。減税効果が期待でき、セカンドライフ資金を絶対に守りたい人のための「ｉＤｅＣｏ」があります。

手数料、引き出し制限、運用スタイル

それぞれの制度については、以降のページで詳しく整理しますが、ざっくりとした比較を表にしました。**各制度のページを読んだあと、再びこのページと表を見ていただくと理解しやすくなると思います。**

一般ＮＩＳＡやつみたてＮＩＳＡなどの「ＮＩＳＡ類」は口座の開設や維持に手数料はかかりません。いつでも売却、引き出しできる点でも始めやすいでしょう。ＮＩＳＡ類は２０２４年から一本化され、口座開設や非課税保有期間が無期限となり、使いやすくなる見込みです※。

ｉＤｅＣｏはＮＩＳＡ類とは違い、口座開設や維持に最低限かかる手数料があります。原則60歳まで引き出しができないこと、購入できる商品の中に定期預金などの元本確保型商品が含まれる点も特徴的です。

※令和5年度与党税制改正大綱が閣議決定された場合

税制優遇口座の比較

ストイックなiDeCoに株式の一般NISA、王道はつみたてNISA

		iDeCo	NISA類	
			つみたてNISA	一般NISA
開始	投資可能期間	原則60歳まで →65歳まで可能に (2022.5.1～)	2018～2023年 2024年から無期限に	2014～2023年
	口座開設、維持費	開設:2,829円～ 維持:2,052円～ (年払い:897円～)	かからない	
運用中	拠出額の所得控除	対象	対象ではない	対象ではない
	購入できる商品	定期預金、保険、投資信託など	条件を満たす投資信託	株式、投資信託、REITなど
	年間で新たに非課税で投資できる金額の上限額	会社員は 14.4／24／27.6万円のいずれか 自営業者は 81.6万円	40万円 2024年から120万円に	120万円 2024年から240万円に
受け取り	非課税保有期間	60歳～70歳まで →60歳～75歳まで (2022.4.1～)	最長20年 ※ロールオーバー無 2024年から無期限に	最長5年 ※ロールオーバー有
	受け取り時の課税	対象（退職所得控除、公的年金等控除）	対象外	

Point

それぞれの制度のメリット・デメリットをしっかり把握しよう

02 王道はつみたてNISA

大本命のつみたてNISAとは?

2023年まで利用できる※つみたてNISAでは毎年年間40万円まで投資を行うことができます。投じたお金は売却しない限り、最長20年間非課税で運用を続けることができます。主な投資対象は投資信託で、価格の変動を見守りながら、20年間の良きタイミングで売却すれば良いということですね。最長の20年を超えて持ち続けることもできます。この場合、特定口座などの課税がある口座に移されます。この時の注意点は、118ページも参考にしてください。**利益が出ていても損失が出ていても、その時の評価額に取得額が更新される特徴があります。**

商品が絞り込まれていて選びやすい

値下がりしたタイミングで非課税期間が終わることを避けたいところではありますが、非課税期間が20年あるため、売却に有利なタイミングを計りやすくなります。また、長く保有して評価額が十分に高くなっていたら、多少の値下がりなら耐えられると判断し、20年を超えた保有を選ぶ状況もありそうです。

非課税期間の終わりが近づく18年目あたりから、どう選択するのか、少しずつ考えると良いでしょう。

つみたてNISAの大きな特徴に、コストや運用期間など、一定の水準を満たした商品しか購入できないというものがあります。

日本には投資信託が約6000本あるといわれていますが、その中で金融庁の定めた条件を満たす約200本しか対象商品になっていません。**投資が初めての人でも商品が選びやすい仕組みになっています。**

※令和5年度与党税制改正大綱が閣議決定された場合

ある年に投じたお金は最長20年間運用できる

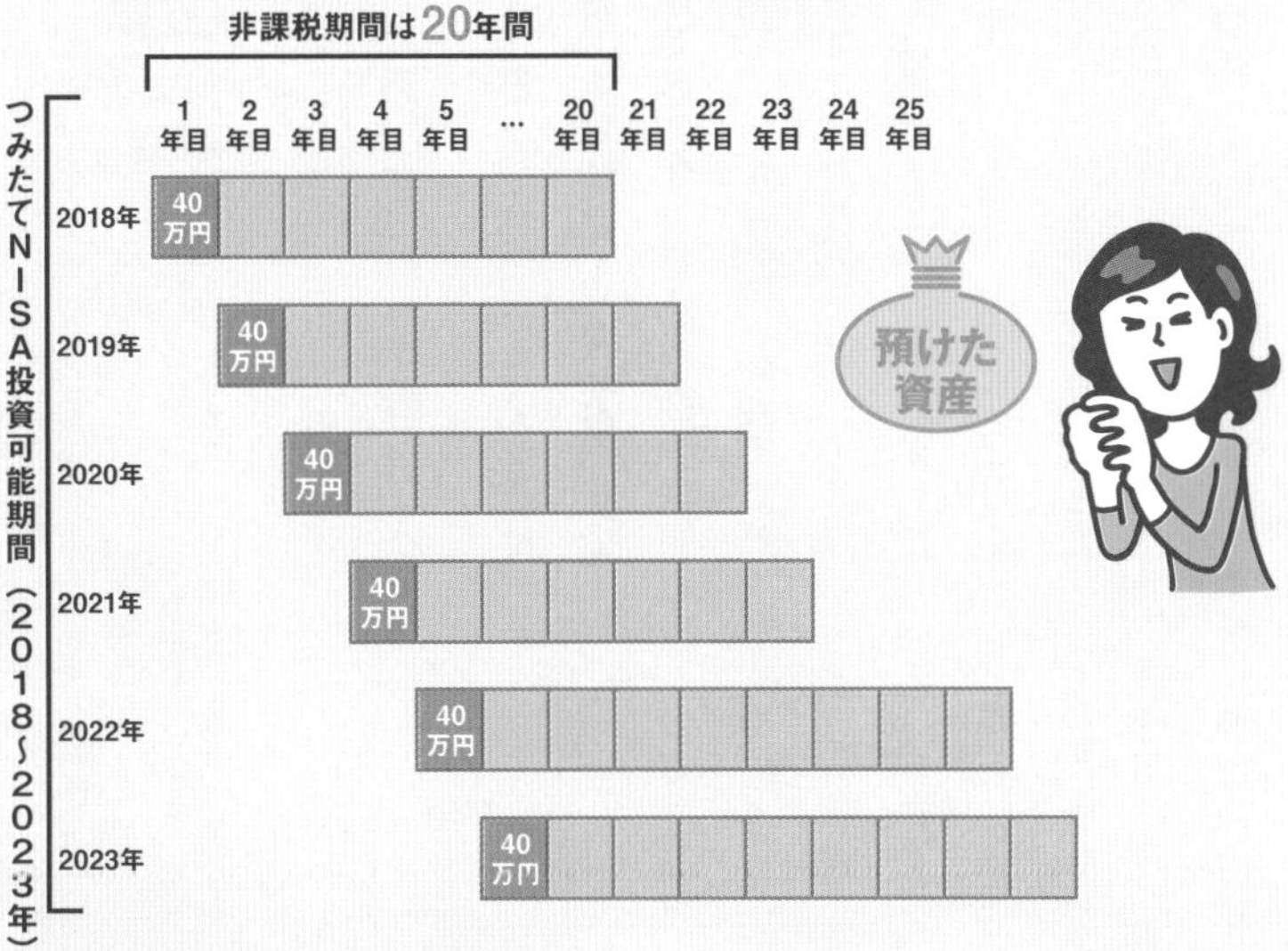

つみたてNISA

利用者がなるべく長期運用しやすいように金融庁が定めた一定の条件をクリアした商品だけを購入することができる

- **20年以上運用でき、毎月分配型でないこと**
- **インデックスファンドであれば販売手数料が0円**
- **国内商品のインデックスファンドであれば信託報酬が0.5%以下**

など

Point

つみたてNISAは初めて投資に取り組む人にぴったり

03 ちょっと上級者向け？ 一般NISA

年間120万円が原則5年間非課税

2023年まで利用できる**一般NISAは、1年間に120万円までの投資ができます。**非課税期間は原則5年間で、5年が明ける翌年に新たに発生する非課税枠を使って非課税期間を延長することができました（ロールオーバー）※。例えば2018年に一般NISA口座で投資した資金は、2022年に5年間の非課税期間が終了します。ここで、2023年に新たに生まれる非課税枠を使えば、2018年から保有している銘柄の運用を非課税で続けることができていました。

年間120万円は本当に大きいか

つみたてNISAは、投資信託が主役になり、株式を購入できません。一般NISAであれば株式も購入できますし、ETFやREITなど幅広い商品の購入が可能です。

運用を積極的に行いたい、やや上級者向けの制度といえそうです。

ちなみに年間120万円と聞くと、多くの予算を非課税で投資できると感じるかもしれません。

しかし、この120万円の非課税枠は一度使ったら復活しません。例えば、今年初めて20万円の株式を購入したとすると、残る非課税枠は100万円になります。その後、その株式を売却したとしても、非課税枠は100万円のまま戻りません。同じように20万円分の株式の売買をあと5回繰り返すと、意外と非課税枠は使い切ってしまいます。

もし、株式投資も気になっている人は、つみたてNISAを満額行いつつ、株式投資は課税口座で行うという組み合わせもあります。

※令和5年度与党税制改正大綱が閣議決定された場合

非課税ってどういうこと？

NISA口座で非課税となる利益とは

購入した株式・投資信託などが値上がりしたあとに売却した場合

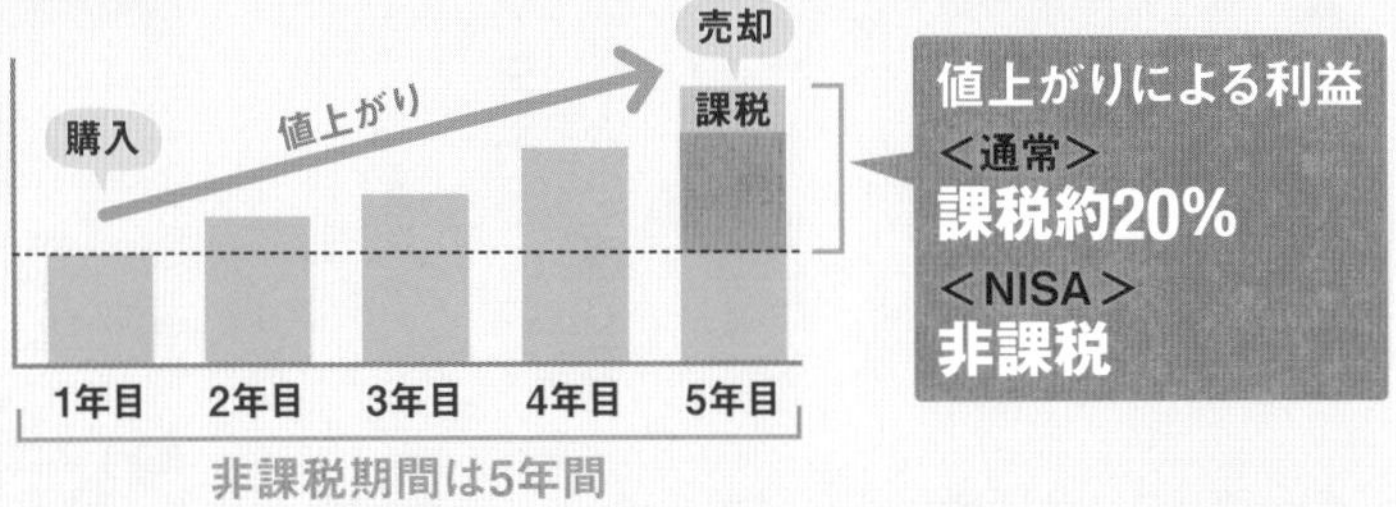

購入した株式・投資信託などを保有している間に配当金などを受け取った場合

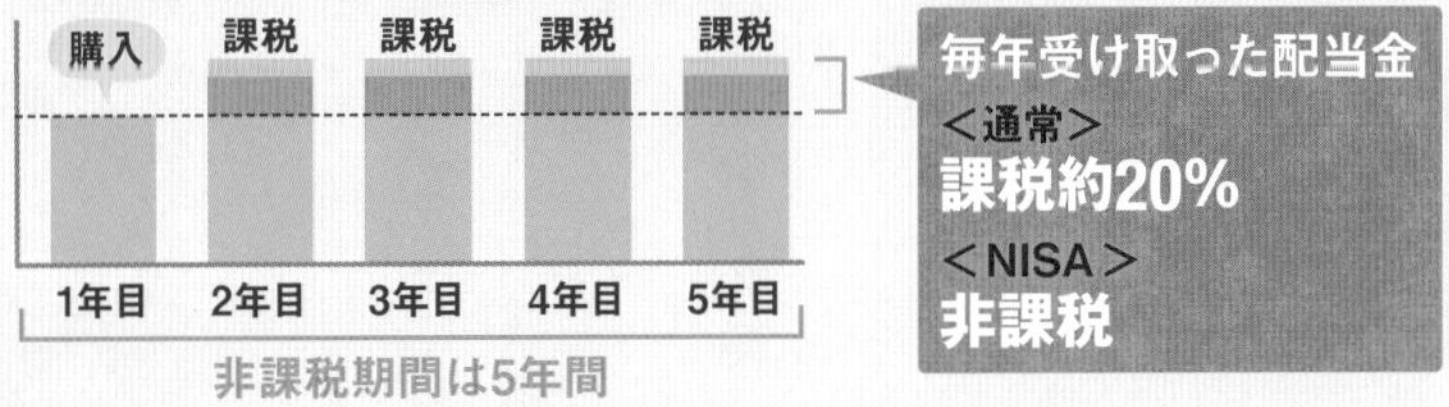

非課税投資枠の取り扱い

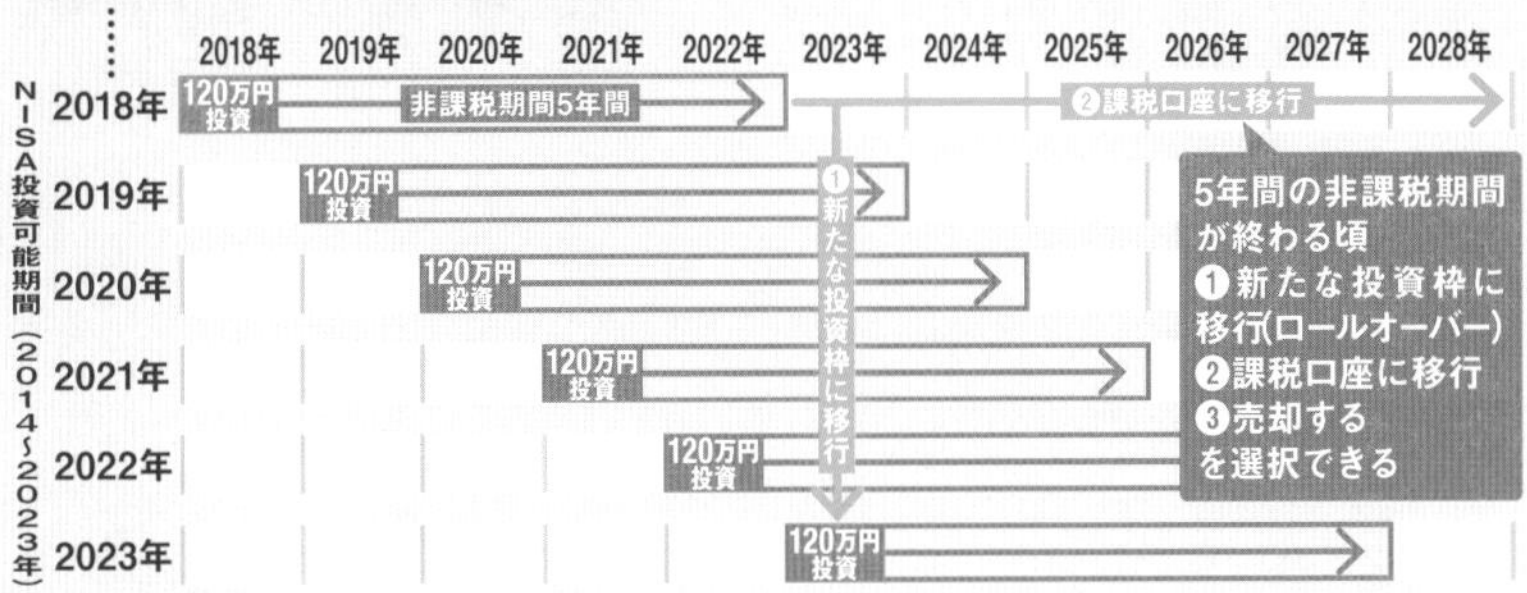

Point

一度投資した資金を
基本、5年間非課税で運用できる

04 ＮＩＳＡ類、非課税期間を終えた時

損が出ても相殺できない

売買のタイミングも自由で、いつでも引き出し可能なＮＩＳＡ類ですが、注意点もあります。

通常の課税口座では、利益が出た銘柄と損失が出た銘柄があった場合、その利益と損失を相殺して、税額の計算ができます。

ところがＮＩＳＡ類口座の場合、利益が出た時に非課税なのと同様、**損失が出た時も利益と相殺できないルールになっています。**ＮＩＳＡ類口座の中で、何かの銘柄を売却して損失が出ても、他の利益とは相殺されませんし、課税口座で出ている利益も、ＮＩＳＡ類口座の損失とは相殺できません。

買った商品が下がり続けたら？

また、１１４ページで紹介した注意点もあります。非課税期間が満了するタイミングで課税口座に移管する場合、取得額がその時の評価額に更新されます。利益が出ていても課税されず、損失が出ていても他の利益と相殺もされず、非課税期間の恩恵が一度精算されるような形です。

例えば、**値下がりした状況で課税口座に移管、その後、元の取得額相当に戻っても納税が発生することになります**（左図下段）。

２０１８年以前に一般ＮＩＳＡで投資していた資金は値下がりしていたら、ロールオーバーで延長という選択肢もありました※。ただ、この場合、本来新たに非課税で投資できるはずだった枠を使うため、非課税で運用ができる資金の累計を考えると不利になります。非課税期間が20年のつみたてＮＩＳＡにはロールオーバーの仕組みはありません。

※令和5年度与党税制改正大綱が閣議決定された場合

NISA類、損も得も数えない

利益と損失の相殺ができない

NISAを利用していない場合

通常口座

A株売却
5万円の利益

B株売却
3万円の損失

相殺して2万円の利益に課税される

NISAを利用している場合

通常口座

A株売却
5万円の利益

NISA口座

B株売却
3万円の損失

相殺されず5万円の利益に課税される

非課税期間終了時に評価額が下がっていると……

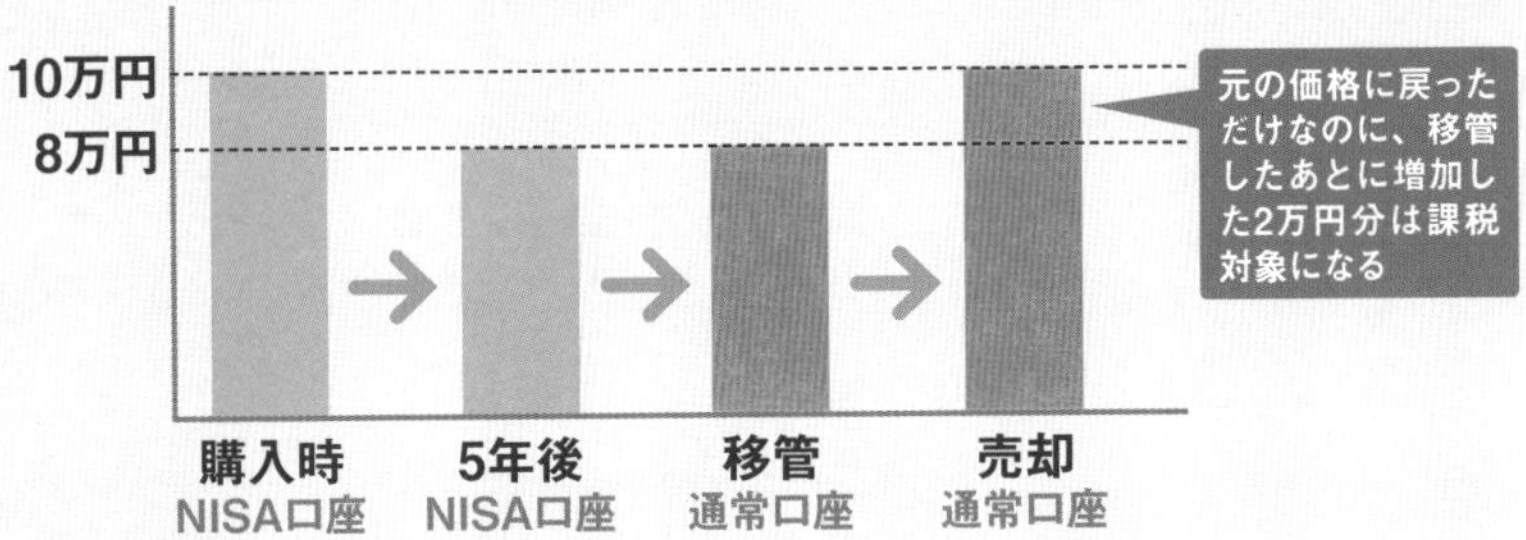

Point

利益が出ても課税がないが
損失が出てもなかったことになる

05 恒久化されるNISAとは？※

NISAは2つの期間が無期限に

令和５年度 与党税制改正大綱では、NISAを一本化し、恒久化するという内容が織り込まれました。閣議決定されれば２０２４年から実施される見込みです。

今回実現しようとしているNISAの恒久化とは、**①口座開設期間が無期限になることと、②投資をした資金を非課税で運用できる期間が無期限になること**です。

①の口座開設期間が無期限になることで、「制度がある間に投資をしなければ」と焦る必要がなくなります。そして、②の非課税で保有できる期間が無期限となることで5年や20年といった運用期間の制限を気にすることなく、必要であれば投資信託など金融商品の形で資産をずっと保有できることになります。

いくら投資・運用できるの？

恒久化されるNISAの年間の投資上限額は３６０万円。従来のつみたてNISAに相当する「つみたて投資枠」は１２０万円、従来の一般NISAに相当する「成長投資枠」は２４０万円です。

年間３６０万円を無制限に投資し続けることができるわけではなく、生涯での非課税限度額は１８００万円。そのうち、成長投資枠での投資は１２００万円までとされています。

枠の上限だけを見ると成長投資枠（一般NISA相当）の方が大きく見えますが、成長投資枠は株式への投資「も」できる枠なので、すべて投資信託の積立投資として使うこともできます。年間３６０万円（月30万円）の投資信託の積立を行うこともできるということですね。

※令和5年度与党税制改正大綱が閣議決定された場合

大幅拡充！　恒久化されるNISA

つみたて投資枠と同様に投資信託の積立も可能

	2024年からのNISA	
	つみたて投資枠 	成長投資枠 
①口座開設期間（投資可能期間）	2024年～無期限	
購入できる商品	条件を満たす投資信託	株式、投資信託、REITなど ①整理・監理銘柄と②信託期間20年未満、高レバレッジ型および毎月分配型の投資信託等を除外
②非課税保有期間	無期限	
年間投資可能額（売却しても復活しない）	120万円	240万円
生涯非課税限度額	1,800万円（内成長投資枠は1,200万円まで）	

Point
恒久化は個人投資家も金融庁も繰り返し希望してきたことだけど、いよいよ実現される見込み

06 恒久化されるNISA、どう使う？※

ゆっくり使えば大丈夫

生涯での非課税限度額が1800万円、年間360万円（月30万円）の投資ができるということは、全力で投資可能枠を使おうとすると、5年間で上限額に達します。

上限額に達した人は、そこから無期限に非課税で運用を続けることができるわけですから、特に使う予定がない資金であれば、そのまま投資信託等として運用・保有を続けることもできるようになります。

年間360万円（月30万円）という大金ですから、何も誰もが上限額を目指す必要はありません。

月5万円（年間60万円）でも30年間積立投資できる枠ということになります。多くの人にとって**制度の制限を気にせず、金融商品としてよけておくのに適した置き場所という存在になりそうです。**

投資信託の積立も株式も非課税で

2023年までは、つみたてNISAか一般NISAかを選択しなければいけませんでした。

しかし恒久化されるNISAでは、それぞれに上限額はあるものの、**1つの制度の中で投資信託の積立も株式の購入も可能になります。**

また、非課税保有期間が無期限となるため、取得額が期限を終えるから強制的に更新されること（118ページ参照）や、翌年の枠を使ってロールオーバーすること（116ページ参照）はなくなります。

損失について他の利益と相殺できない（118ページ参照）というルールは残る見込みなので「損失が出ている時に慌てて売るのは不利な口座」という立ち位置になりそうです。

※令和5年度与党税制改正大綱が閣議決定された場合

柔軟な恒久化されるNISA

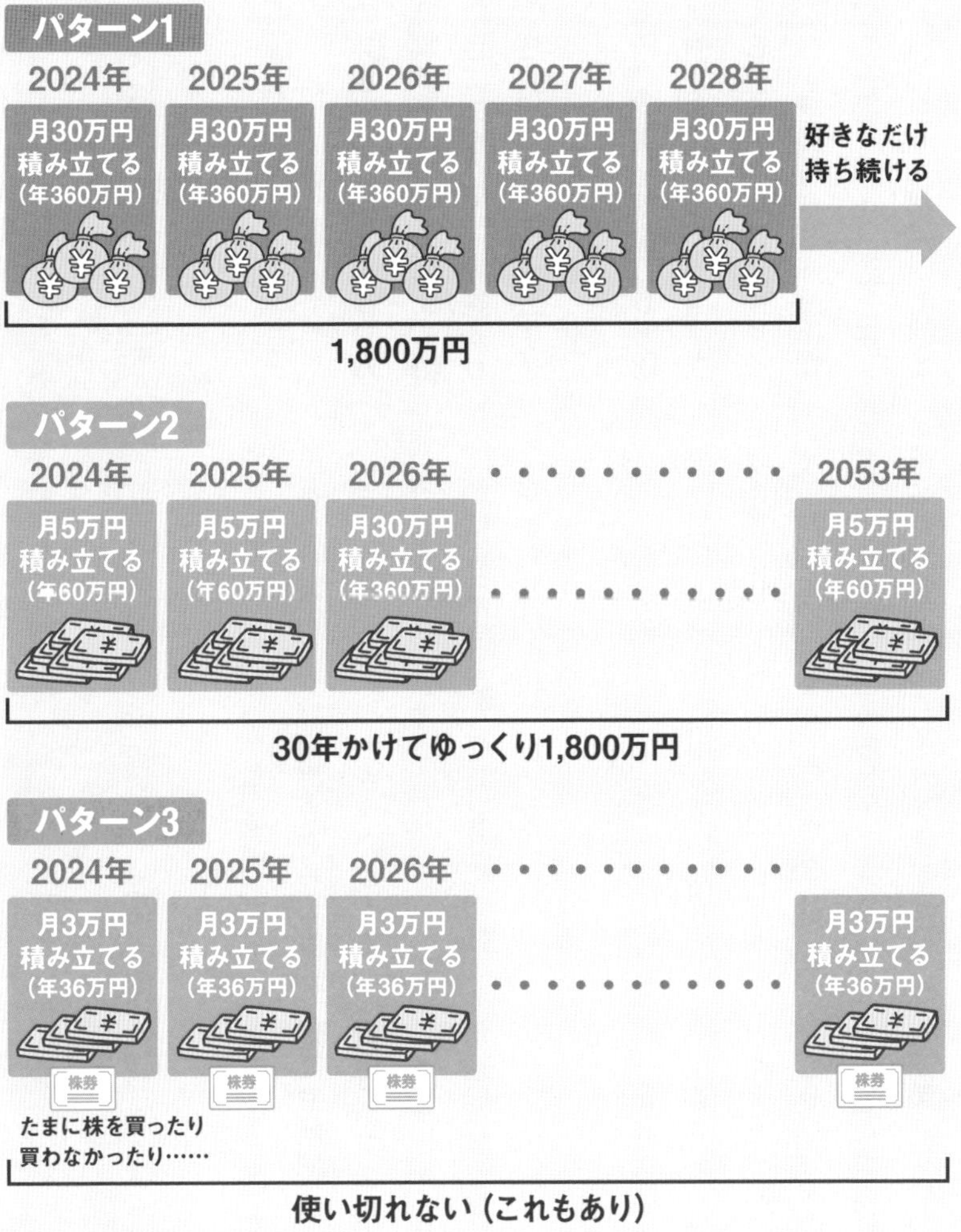

Point

枠が大きく期限がないので、
制度の制限を気にせず柔軟に運用できる

07 恒久化後、今までNISAを使っていた人はどうなるの？※

これまでのNISAとは別管理

生涯での**非課税限度額1800万円は、購入時の価格で管理していきます。**1年目に100万円分購入したら、以降評価額が130万円などに増えていても残りの限度額は1700万円。購入当初100万円分だった銘柄を売却すると、再び生涯の枠は1800万円に戻ります。

なお、これまでのNISAで投資をしていた資金については、1800万円の生涯非課税限度額とは切り分けて考えます。これまで投資していた資金とは別に、1800万円の非課税枠をもらえることになるため、ラッキーだったということになります。

間に合うようなら2023年の枠は使えた方が有利でしょう。

ロールオーバーはできない

一般NISAで運用していた資金は、恒久化されるNISAにロールオーバーできません。つまり、2019年以降に一般NISAで投資した資金は、それぞれ5年を経過した2023年以降に非課税保有期間が終了します。**現在保有している残高や銘柄は、保有期間5年の中で対応を考えていく必要があります。**

十分に値上がりしている場合は5年経過以降も課税口座に移管して保有を続けるのも選択肢ですし、値下がりしている銘柄については、残された非課税保有期間の中でマシだと感じるタイミングで売却することなどが考えられます。

2023年の枠を少しでも使ってみようと思われる場合は、非課税保有期間が長いつみたてNISAを選んだ方が無難かもしれません。

※令和5年度与党税制改正大綱が閣議決定された場合

一般NISAを使っていた人は5年で考える

ロールオーバーはできない

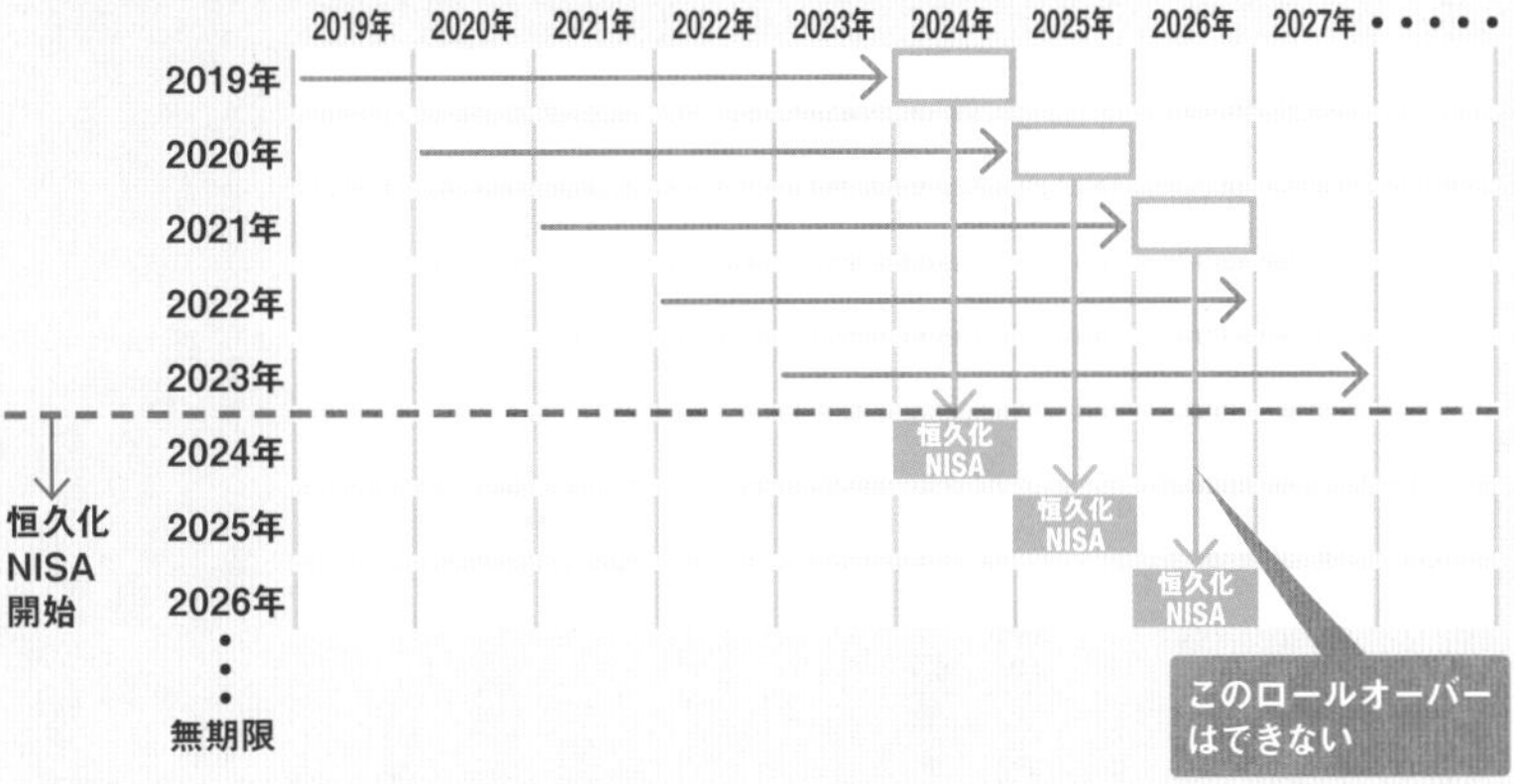

今持っている銘柄はどうする？

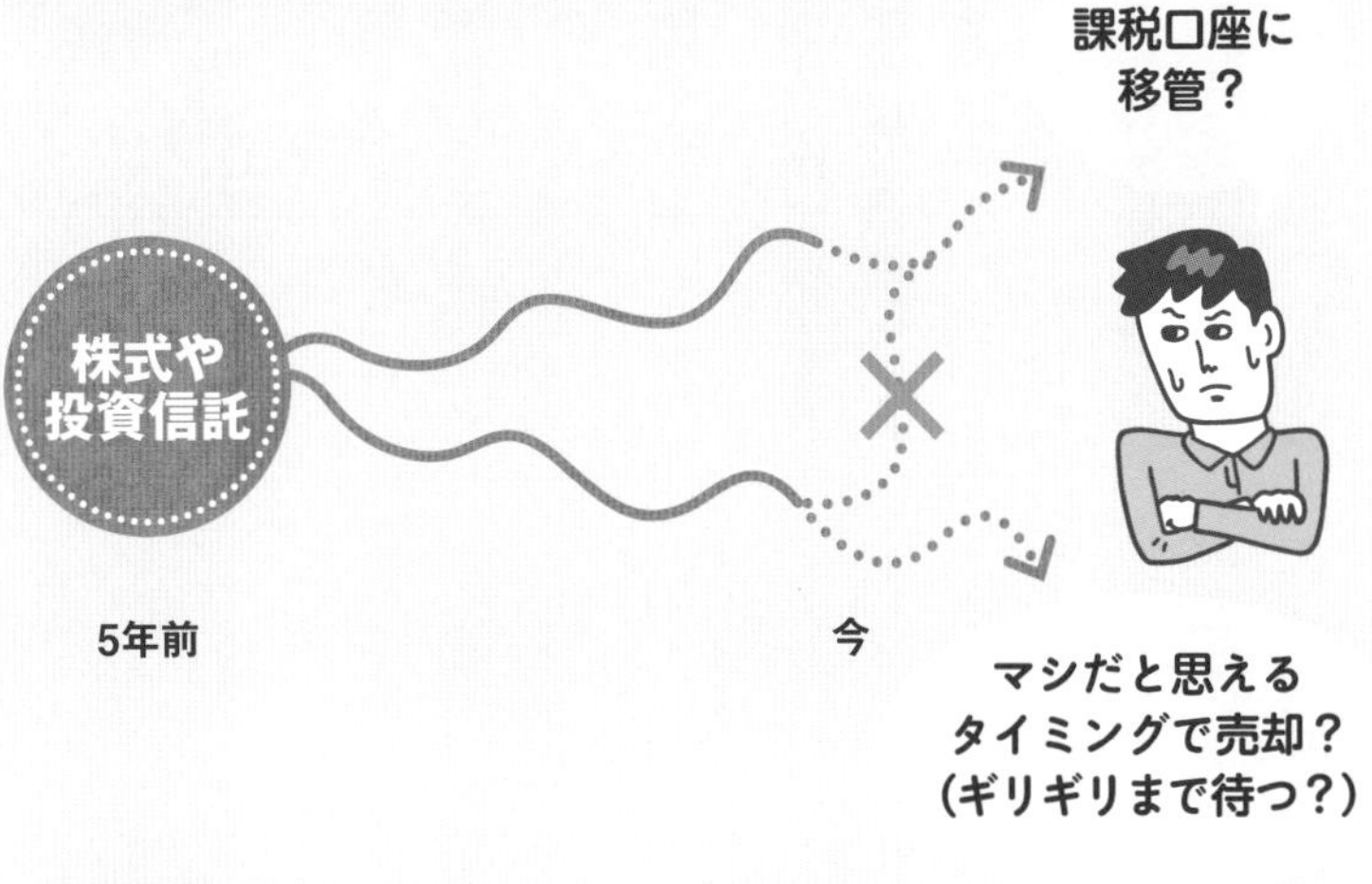

Point

別枠となるため、先に始めていた人は有利。一般NISAの人はロールオーバーできない心積もりを

08 老後資金を貯めるならｉＤｅＣｏが最強？

絶対にかかる手数料がある

ｉＤｅＣｏは税制優遇口座の中でもセカンドライフに特化した口座といえます。**原則60歳まで引き出せないため、老後のために確実に資産を残しておきたい場合に最適です。**

口座を開設する際に２８２９円、毎月拠出（積立）するには月１７１円がかかります。これらは国民年金基金連合会や信託銀行に支払うことが決まっている最低限の額で、口座を開設する金融機関によっては＋αの費用がかかることもあります。

ｉＤｅＣｏで購入できる商品は、投資信託の他、定期預金や保険などの「元本確保型」商品もあります。

企業型と個人型がある

ｉＤｅＣｏは個人型確定拠出年金の愛称ですが、確定拠出年金には企業型も存在します。

確定拠出年金制度がスタートした２００１年頃は、自分の勤務先の企業年金制度が確定拠出年金（４０１ｋやＤＣと呼ばれることも）なのかという会話も多かったですね。勤務先が従業員のために準備する確定拠出年金のことを企業型と呼びます。

企業型の確定拠出年金が充実している場合は、そちらを生かしてｉＤｅＣｏには加入しないという選択もあります。一方で、勤務先が拠出してくれている金額が少ない場合は、ｉＤｅＣｏも検討できます。

従来、企業型ＤＣが導入されている会社に勤務する人はｉＤｅＣｏに加入できないことが多かったのですが２０２２年10月に条件が緩和されました。**過去にｉＤｅＣｏに加入できないことを確認した経験がある人も改めて確認してみてください。**

確定拠出年金とは?

確定給付年金

企業年金などで
採用されている。
給付される金額が
一定のルールで
確定している

↕

**確定拠出年金
(401k、DC)**

拠出する金額が
確定している。
給付金額は
運用次第

企業型　　個人型(iDeCo)

購入できる商品

元本確保型
定期預金、保険など

価格変動型
主に投資信託

老後に
コミットォォ!

口座の維持
に手数料が
かかるのは
NISA類と
違うわね

Point

「元本確保型」と「価格変動型」を
併用することもできるよ

09 ｉＤｅＣｏ、3つの税制優遇

拠出時、運用中、給付時

ｉＤｅＣｏには、3つの税制優遇があります。1．拠出（お金をかける）時、2．運用している間、3．給付（受け取る）時、の3回です。

中でも1．の拠出時は、ＮＩＳＡ類にはない利点です。拠出した金額が全額所得控除され現役時代の減税につながります。年間24万円拠出をした場合、所得が24万円少なかったものとして、税額を計算します。所得税率は5～45%、住民税率は所得に関係なく10%（22ページ参照）。

年収４００万円、所得税率5%の人が年間24万円拠出した場合、所得税は1・2万円（24万円×5%）、住民税は2・4万円（24万円×10%）、安くなります。24万円のうち15%にあたる金額が手元に戻ることになるわけです。

受給時には課税対象になる

2．の運用している間の非課税はＮＩＳＡ類と同様です。本来、利益に対して約2割の税金がかかるところが非課税になります。

3．の給付時は、一括で受け取る場合は「退職所得控除」、分割で受け取る場合は「公的年金等控除」を利用できます。

例えば勤続38年の人が利用できる退職所得控除は２０６０万円で、退職金と併せてこの金額を超えなければ、税金がかかりません。裏を返すと控除額を超える金額は課税対象になるということです。ＮＩＳＡ類は引き出し時に課税はありません。

ｉＤｅＣｏは現役時代の減税を行い、受給時には課税されにくい仕組みにすることで、課税を繰り延べる機能があるといえます。

3つの税制優遇措置

拠出時　拠出額が **全額所得控除**

年収400万円（所得税率5%）の人が
年間24万円拠出した場合

所得税：24万円×5%＝1.2万円
住民税：24万円×10%＝2.4万円

合わせて **年間3.6万円の減税** になる

運用中　利益に対する **約20%** の税金が **非課税**

給付時　一括で受け取る場合： **退職所得控除**
分割で受け取る場合： **公的年金等控除**
をそれぞれ利用できる

NISA類は「減税」にならないけどiDeCoは「減税」になるのね
税制優遇目白押し！

Point
現役時代には減税になり
受け取り時には課税されにくい
（でも課税対象）

10 ｉＤｅＣｏは働き方で拠出できる額が違う

会社員は月１・２〜２・３万円が上限

ｉＤｅＣｏは働き方や、勤務先の年金制度によって、拠出できる上限額が異なります。老後資金について、働き方による差が開きすぎないようにするためのルールです。

自営業者が一番多く、月額６・８万円（年額81・６万円）の金額を拠出することができます①。

次に社会保険上の扶養になっている主婦（夫）や、企業年金がない会社員は月額２・３万円（年間27・６万円）②、企業型の確定拠出年金のみ加入している会社員は月２万円（年間24万円）③、公務員や確定給付型の企業年金に加入している会社員は月１・２万円（年間14・４万円）④が上限となっています。

加入の可否は再度確認を

ｉＤｅＣｏは、企業型ＤＣと併用したい場合、勤務先の企業型ＤＣに、上限額を定めた規約が必要でした。２０２２年10月に改正があり、上限の規約が定められていなくても、実際に勤務先から拠出されている金額が少ない場合には、ｉＤｅＣｏにも加入できることになりました。

２０１７年頃、ｉＤｅＣｏに加入できるか勤務先に確認し加入できなかった人も、２０２２年10月以降に再度確認するのが良いでしょう。

勤務先によっては「マッチング拠出」という企業型ＤＣに、自分の意思で拠出額を上乗せして運用できる制度を導入している会社もあります。従来、マッチング拠出制度がある企業に勤める人はｉＤｅＣｏに加入できませんでしたが、こちらもマッチング拠出かｉＤｅＣｏかどちらかを選択できるようになりました。

自分の拠出限度額を知ろう

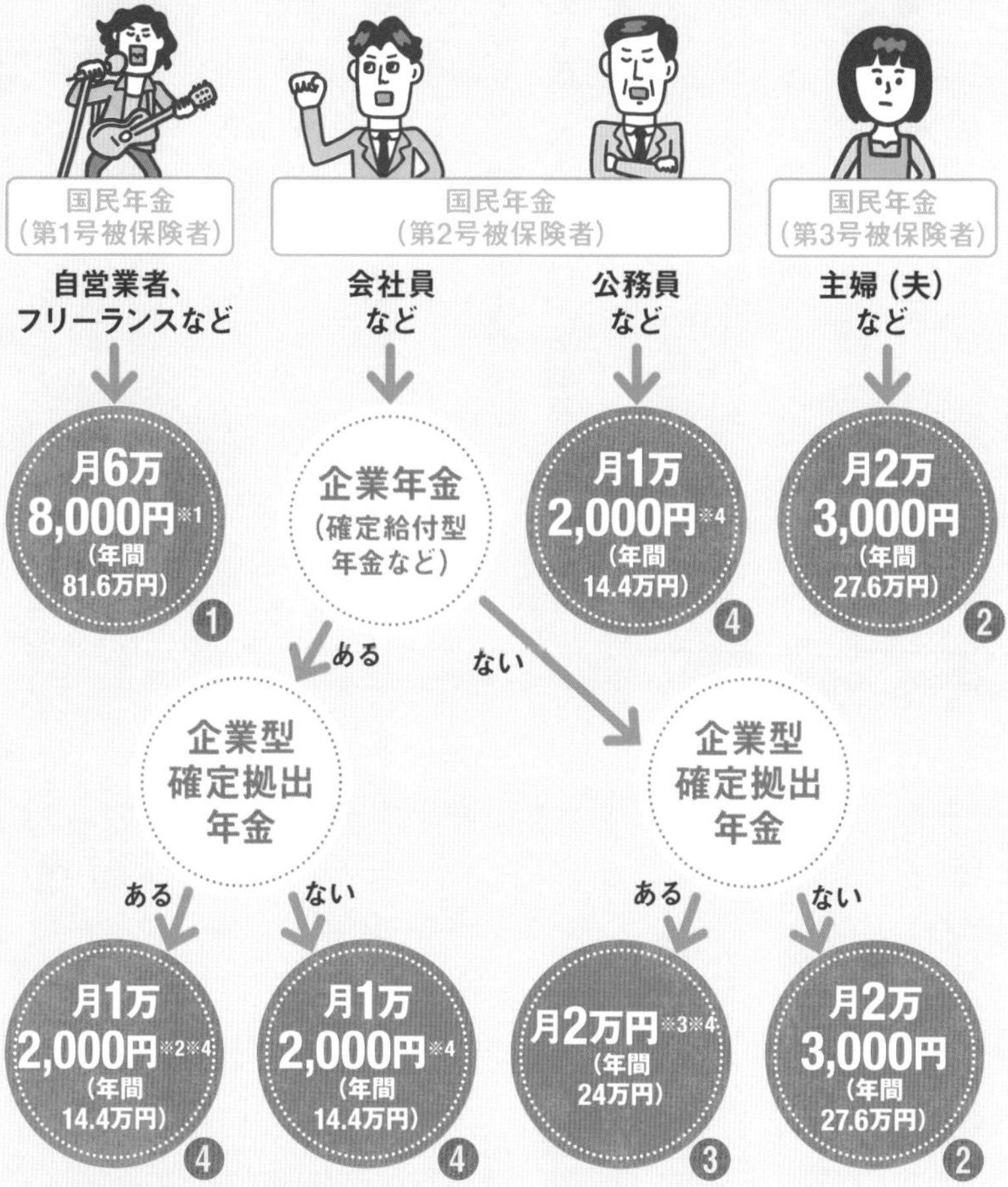

※1：国民年金基金や付加保険料との合算枠
※2：2022年10月から企業型の規約は不要。月2.75万円から会社の掛金を差し引いた金額（かつ月1.2万円以下）まで拠出できる
※3：2022年10月から企業型の規約は不要。月5.5万円から会社の掛金を差し引いた金額(かつ月2万円以下）まで拠出できる
※4：2024年12月からは「月5.5万円ー他制度の掛金（ただし月2万円が上限）」となる

Point

この拠出限度額があなたにとっての
iDeCoの目標額になるよ

11 iDeCoの受け取り方の選択肢を知っておく

一括で受け取る？ 分割で受け取る？

iDeCoは、受け取り方に応じて控除が利用できます。

一括で受け取る場合は退職所得控除、分割で受け取る場合は、公的年金等控除を利用します。

一括で受け取る場合には、会社から支給される退職金との合計額を考える必要があります。分割で受け取る場合には、公的年金の支給額との合計を考える必要があります。

退職金、公的年金、iDeCo以外に、仕事を続ける場合の給与や貯蓄、自分で備えている個人年金保険など、当面の生活費がまかなえるのであれば、受け取るタイミングを調整できる可能性もありますね。

日本税理士連合会の窓口

退職所得控除の範囲内の分は一時金として受け取り、残りを分割で受け取る、などの選択が考えられますが、より有利な受け取り方法は、人によって異なります。

税額をできるだけ抑えたいということであれば、やはり税理士に相談をするのが正確です。

日本税理士連合会では全国に窓口があり、税に関する無料相談を実施しています。こうした窓口で相談し、情報を集めることも有効です。

相談に行く場合は、自分の状況・情報を整理して訪問した方が、実践的なアドバイスをもらえます。

公的年金に関する情報は、誕生月に送られてくる「ねんきん定期便」や、インターネットでいつでも確認できる「ねんきんネット」で集めることができます。退職金については勤務先に確認して、情報を集めてから相談に行けると良いですね。

2つの受け取り方で使える控除

退職所得控除

（収入 − 退職所得控除）× $\frac{1}{2}$ ＝ 課税対象の所得

勤続年数（A）	退職所得控除額
20年以下	40万円 × A （80万円に満たない場合は、80万円）
20年以上	800万円 ＋ 70万円 ×（A − 20年）

公的年金等控除

年金を受け取る人の年齢	(a) 公的年金等の収入金額の合計額	(b) 割合	(c) 控除額
65歳未満	公的年金等の収入金額の合計額が60万円までの場合は、所得金額はゼロとなる		
	60万1円から129万9,999円まで	100%	60万円
	130万円から409万9,999円まで	75%	27万5,000円
	410万円から769万9,999円まで	85%	68万5,000円
	770万円から999万9,999円まで	95%	145万5,000円
	1,000万円以上	100%	195万5,000円
65歳以上	公的年金等の収入金額の合計額が110万円までの場合は、所得金額はゼロとなる		
	110万1円から329万9,999円まで	100%	110万円
	330万円から409万9,999円まで	75%	27万5,000円
	410万円から769万9,999円まで	85%	68万5,000円
	770万円から999万9,999円まで	95%	145万5,000円
	1,000万円以上	100%	195万5,000円

※公的年金等に係る雑所得以外の所得に係る合計所得が1,000万円以下

Point

控除額は人それぞれなので、日本税理士連合会などに相談してみよう

12 進化するiDeCo、いつ始める？

若い人には重たいiDeCo

資産形成の主軸となるNISA（つみたて）とiDeCo。

iDeCoは老後にコミットする優れた制度ではありますが、原則60歳からしか引き出せないうえに、口座開設や維持に手数料がかかるため、重たい仕組みになっています。

手数料の比率を下げたいと考えると「可能な限り限度額目一杯まで拠出したい」という気持ちになりますし、その考えは合理的でもあります。iDeCoをスタートする際は、自分の限度額目一杯がずっと続けられそうか、一考してみてください。制度としては月5000円から1000円単位で拠出額を変更することができます。

500万円貯まっていたらiDeCoも

巻頭では20代、30代はつみたてNISA優先とお話ししました。その理由はライフイベントが多く訪れる可能性があるからです。逆に代表的なライフイベントが概ねまかなえる**500万円程度の預貯金が既にある人は若い世代でもiDeCoに取り組むことは無理がないでしょう。**

iDeCoは2022年5月より65歳まで拠出を続けられるようになりました。また、受け取り開始年齢もこれまでの60～70歳から、60～75歳に拡大されました（2022年4月）。長く働く時代に合わせて選択肢が増えた形です。

受給開始可能年齢は、60歳時点で加入期間が10年に満たないと、60歳よりも遅くなるのは従来どおりです。60歳以上で加入した人は加入から5年経過すると75歳までの間で受給開始できるようになります。

長く働く時代に合わせてiDeCoも変化

ちょっと重たいiDeCo

- 原則60歳まで引き出せない
- 口座の開設、維持に手数料がかかる
- 手数料がかかるため掛金を多くしたくなる

ライフイベントを多く抱える若い人には少し重たい

2022年4月受給開始可能時期が60～70歳から60～75歳に拡大

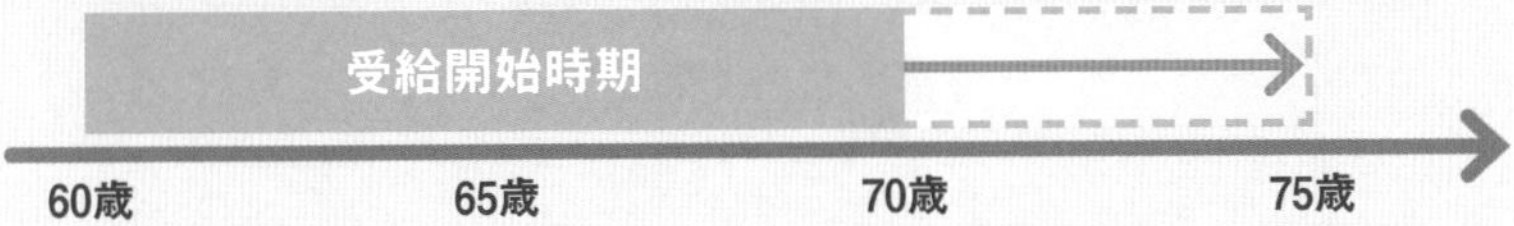

2022年5月加入可能時期が60歳未満から65歳未満に拡大

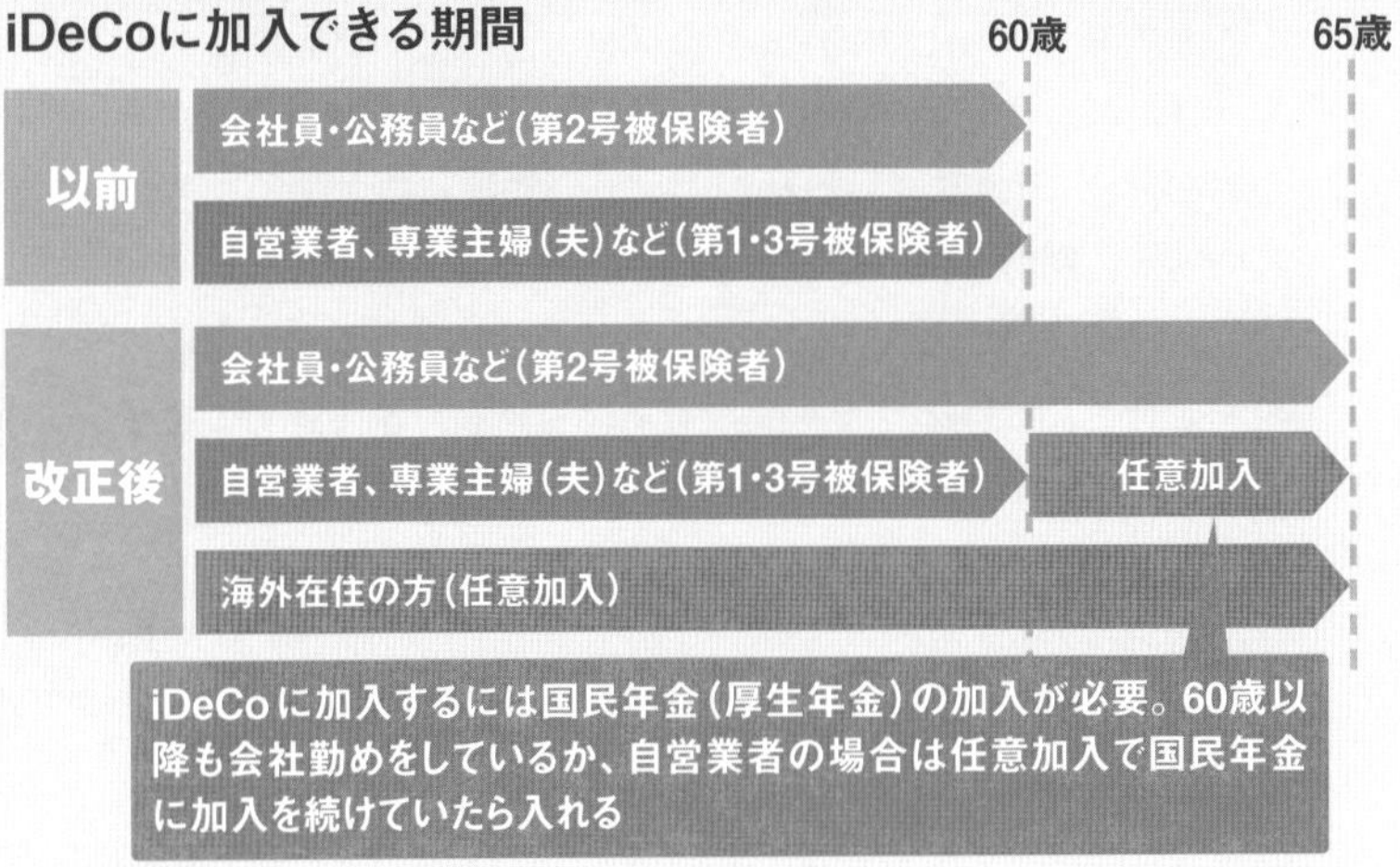

iDeCoに加入するには国民年金（厚生年金）の加入が必要。60歳以降も会社勤めをしているか、自営業者の場合は任意加入で国民年金に加入を続けていたら入れる

Point

手数料や受給開始年齢を考えると、40代以上から始めてもよさそう

COLUMN

お金に余裕があれば駆け込みでジュニアNISAも吉？

現在のNISA類の枠組みは2023年までで一区切り。2024年以降は新たな構成が予定されています。

2023年までで終了する制度に未成年者の名義で口座を開設できる「ジュニアNISA」があります。元々は、年間80万円までの投資が可能で、原則の非課税期間は5年、本人が18歳になるまで引き出しができないという制限がある制度です。

制度自身が2023年で終了するため、2024年以降は口座を解約してすべて引き出す形でいつでも引き出しが可能となり、子育て世帯を中心に静かに注目を集めています。

ただ、今、ジュニアNISAを検討することは、優先順位としてはさほど高くないと考えられます。それよりも親世代が自分たちのNISA類の非課税枠や、iDeCoの非課税枠を使い切ることの方が、制度の使い勝手などの観点から優先順位は高いでしょう。枠を使い切ろうと思うと、それなりにまとまった金額の投資を行うことになります。投資だけではなく預貯金での資産形成も並行するわけですから、多くの家庭でジュニアNISAまで手が回らなくても普通のことです。

2023年の取り組みスタートだと、子ども1人あたり最大80万円の投資に対して利益が非課税になります。

親のNISA類やiDeCoの非課税枠を既に使い切っていて、預貯金もコンスタントに年間100万円以上できているという家庭であれば、検討しても良いですが、ラスト1年での駆け込みを焦ってする必要性は低いです。

制度の活用も、最も有利な状態を狙おうとすると大変ですが、大きく外さず気長に続けられそうなバランスを選択できると取り組みやすくなります。

CHAPTER 7

第7章

あなたにぴったり!
オススメの
資産運用プラン

01 生活の延長に投資を含める考え方

固定費削減分だけＮＩＳＡ

息の長い資産運用を続けるには、生活の延長線上に投資を位置づけられると良いでしょう。

資産運用の中の投資は、あくまで自分の持っている資産をいくつかの性格の異なる形式に交換して保有する取り組み。額面のアップダウンはあるかもしれませんが、分散させることで、買うことができる品数を維持しようとする目的で行います。

本書の第２章や第５章では、支出を削減する方法や、効率的にお金を活用する方法をご紹介しました。**こうした取り組みで浮いた部分を積立に充てるという方法であれば取り組みやすいのではないでしょうか**。これまでの生活をあまり変えずに済みますし、過度に緊張することも防げます。例えば、通信プランの見直しで浮いた月５０００円だけをＮＩＳＡ（つみたて）に充てる、なども始めやすいですね。

意外ともう分散投資してるかも？

投資や資産運用というと、特別なことのように感じるかもしれませんが、もしかしたら皆さんも既にされているかもしれません。

例えば近年ｉＰｈｏｎｅの値上がりが話題になることが多いです。既に手元に比較的新しいｉＰｈｏｎｅを持っている人は、その下取り価格の値上がりも期待されます。最新機種が値上がりしたとしても、手持ちの端末の下取り価格が上がれば、購入する際に支払う現金は多少抑えられるかもしれません。

価値ある消費をしていることが、既に投資のような役割を果たしている可能性もありますね。

生活の延長の投資

- 通信費
- 保険料
- 住居費
- サブスク
- ポイント付与

削減できた分

→

還元を受けた分

NISA（つみたて）

既に分散投資してるかも

- フリマアプリで高く売れるものを持っている
- 高く売れるiPhoneのモデルを持っている
- 外資系ホテルブランドのポイントを貯めている

Point

日々の買い物や行動も
投資につながっているんだね

02 金融商品以外のリスクも加味する

同じ金額買っていてもズレる

価格変動がある金融商品を同額コツコツと買い進めていても、その資産配分（ポートフォリオ）は少しずつ崩れていきます。

日本株式投資信託と先進国株式投資信託を毎月1万円ずつ購入していたとしても、日本の株式相場が上がっている時には日本株式投資信託の比率が高まっていきます。

1：1で所有していたいと思って運用しているのであれば、定期的に見直して、例えば先進国株式を多く買うなどの調整を行う必要があります。このように定期的に資産配分を整えることをリバランスといいます。

リバランスの方針は変わる

当初は1：1で運用したいと思っていたとしても、その時の市況や、自分自身のその他の資産状況によっては、理想とする割合が変わることがあります。例えば、当面の見通しとして、日本株式の上昇が期待できると考えるならば、無理に1：1に戻さず、日本株式の割合が高いまま保有するという判断もあります。

また、自分の置かれている状況によって、投資の方針が変わることもあります。

年齢が若いことや、安定しているとされる企業に勤めている間は、一般的には金融資産でのリスクはとりやすいです。年齢を重ねて働ける期間が短くなることや、独立するなどして事業でリスクをとっている時には、現金資産の割合を高めた方が良いケースもありますね。

金融商品だけでなく、年齢や就労状況など自分が保有している非金融資産も気にかけましょう。

資産配分を考える

リバランス

「先進国株式投信」と「日本株式投信」を
毎月1万円ずつ積み立てていても……

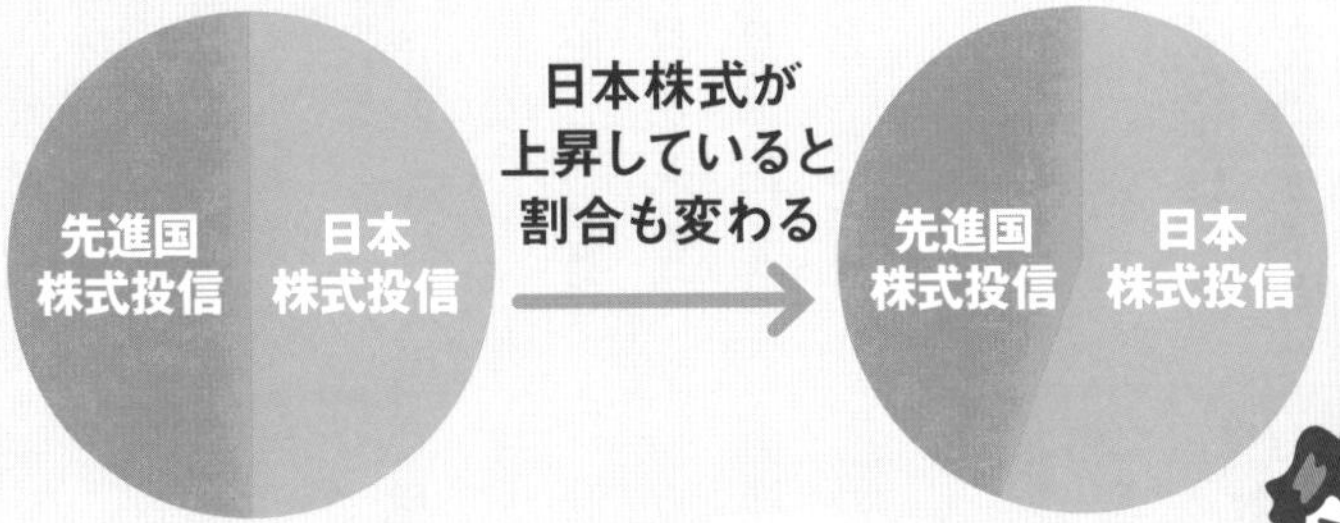

この状態から
先進国株式を買う割合
を増やし、元の割合に
戻すことを「リバランス」
というよ

働き方と資産配分

会社員

収入が安定しているから、
資産運用ではリスクをとる

自営業

事業でリスクをとっているから、
運用では現金を多めにする

Point

**非金融資産も意識して柔軟に
配分を考えよう**

03

５～10%からスタート！

いくら投資をする？

54ページでは投資を始める目安として生活費の３～６か月分が貯蓄できたら、あるいは、５００万円を超えたら積極的に考えるという目安をご紹介しました。

　では、一体いくら投資をするのが適当でしょうか。

　投資がまったく初めての人は、まずは自分のお金の額面が変動するということに慣れるという意味でも、５～10%を目安にすると良いでしょう。既にある貯蓄の５～10%、あるいは、毎月コンスタントに貯蓄できている金額の５～10%です。

　例えば貯蓄が２００万円ある人が初めて投資を行う場合、10～20万円の範囲内で積み立ててみる。毎月５万円の貯蓄ができている人は、そのうち２５００～５０００円だけを投資信託の積立に充ててみる、といった具合です。

慣れてきたら比率を上げる

　投資の値動きに慣れてきたら、比率を20～30%に引き上げることを検討しても良いでしょう。

　この時、やはり、値動きへの慣れだけではなく、資産規模が大きくなっていた方が、無理がありません。

　例えば資産全体が２００万円の時に30%の投資を行うと、手元に残る預貯金は１４０万円。病気や転職など日常的な変化には対応できるかもしれませんが、長期化した時に耐えられるかは心配です。

　資産全体が８００万円くらいあれば、30%の投資をしても５６０万円程度を預貯金として確保できます。何かあっても対応でき、冷静に投資を続けられそうです。

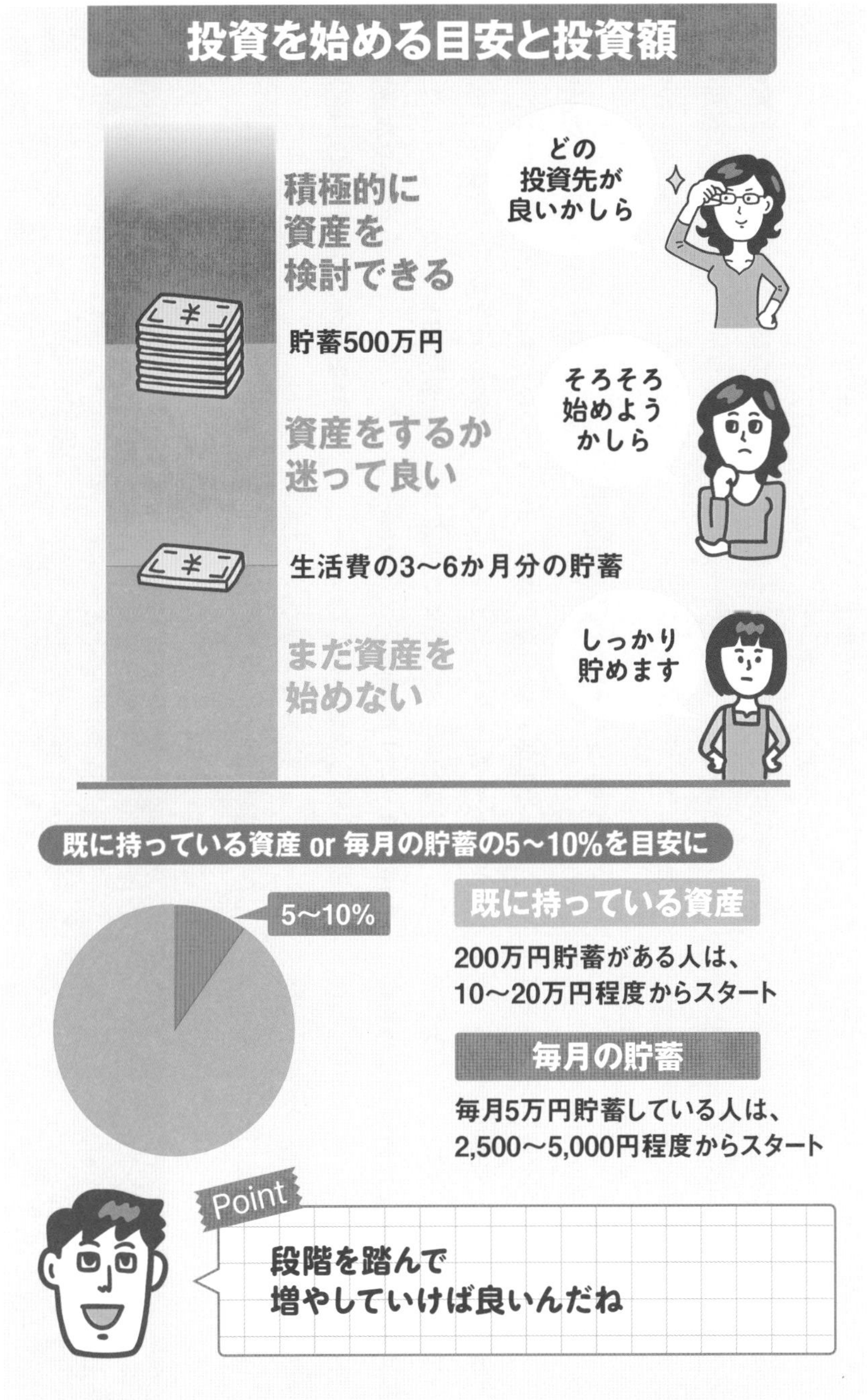
投資を始める目安と投資額
どの
投資先が
良いかしら
積極的に
資産を
検討できる
貯蓄500万円
そろそろ
始めよう
かしら
資産をするか
迷って良い
生活費の3～6か月分の貯蓄
しっかり
貯めます
まだ資産を
始めない
既に持っている資産 or 毎月の貯蓄の5～10%を目安に
5～10%
既に持っている資産
200万円貯蓄がある人は、
10～20万円程度からスタート
毎月の貯蓄
毎月5万円貯蓄している人は、
2,500～5,000円程度からスタート
Point
段階を踏んで
増やしていけば良いんだね

04 資産運用の組み合わせは無限大

非課税枠や上限額にとらわれない

資産運用の方法は意外と組み合わせが自由自在です。

「つみたてＮＩＳＡは年間最大40万円まで非課税で投資ができます」といわれると、40万円を投資したくなりますが、無理のない金額から始めれば良いのです。

２０２４年以降はかなりの金額の投資が可能となる予定で（１２０ページ参照）、この枠以外で投資をする必要がある人は多くないかもしれません。ただ、そもそも税制優遇口座以外で投資をすると絶対損、というわけでもありません。

ｉＤｅＣｏは手数料の関係で可能であれば、限度額目一杯の拠出をとお伝えしましたが、この目安すら、状況が変われば拠出額を下げるなど、柔軟に対応して良いのです。

金額でコントロールできる

多くの人の資産形成における中核は、ＮＩＳＡ（つみたて）やｉＤｅＣｏの中で投資信託の積立投資を行うことになるかと思います。

それでも株式に興味がある人や、外貨預金や金に興味がある人など、他の金融商品も気になることもあると思います。そうしたケースでは、**金額でリスクをコントロールすれば良いのです。**リスクが高い商品でも、投じた金額が少なければ、損失はその範囲に抑えられます。

「コア・サテライト戦略」という考え方があります。コア（中核）を担う安定感のある投資と、サテライト（衛星）で金額を抑えたお楽しみやさらなる収益を狙う投資を組み合わせる考え方です。自分好みの組み合わせを見つけたいですね。

組み合わせはいろいろ

- 上限額に縛られる必要はない
- 少額の課税口座での運用を組み合わせても良い

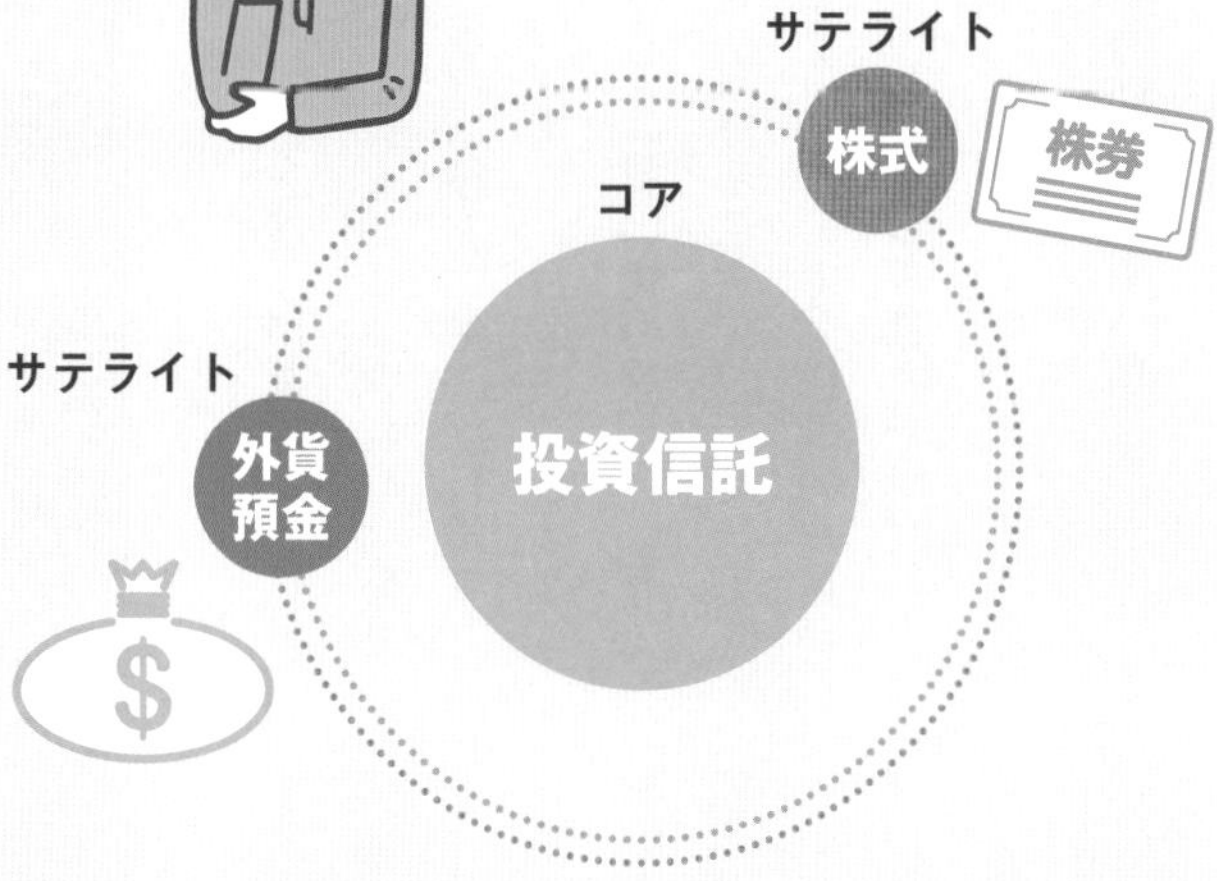

コアとサテライトを、金額を意識して
組み合わせる

Point

非課税枠や上限額にとらわれすぎず、自分にちょうど良い組み合わせを見つけよう

05 貯蓄100万円未満：たまごプラン

リスク許容度3％

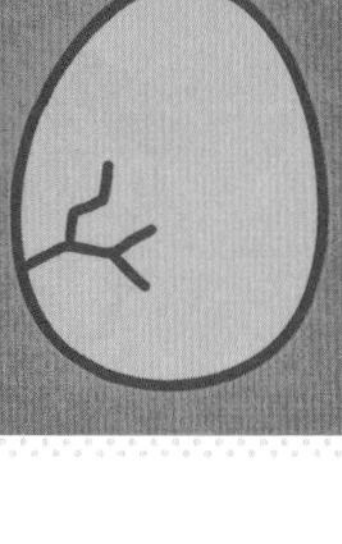

まず始めるのは家計改善

貯蓄100万円未満の人はリスク商品を使った資産運用をする前に、家計改善を行うことが優先です。

第2章や第5章を参考に、毎月自動的に支払っている固定費の改善や、銀行口座を使い分け先取り貯蓄を行う仕組み作りを試してみましょう。

毎月一定額を先取り貯蓄して、貯蓄額を積み上げていくことが理想的ですが、「ボーナスに手をつけない」といった方法で、勢いをつけるのも良いですね。

自分がお金を使うパターンが見えているならば、ボーナス額が付与される「百貨店積立」や「旅行積立」などを利用するのも良いでしょう。

百貨店での買い物や旅行という、用途を限定することでプレミアムを受け取るものなので、日頃のお買い物で利用している予算内で検討しましょう。

その他の利率が高い商品

自治体や地域の商店街が発行する「プレミアム付商品券」も20％などの高いプレミアムが付くことがあります。近年は、決済事業者と自治体の協力で、特定の決済手段を使うと、プレミアム付商品券並みの還元が受けられることも多いです。お住まいの自治体で実施されている取り組みがないか、確認してみましょう。

第2章や第5章でも紹介しましたが、カードを選定することや、支払い方法を工夫することで、支出を抑えることも有効ですね。

まずは生活費の3～6か月分や、100万円を超えるまで、家計改善と貯蓄に専念するべき時期といえるのが、たまごプランの特徴です。

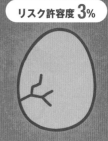

たまごプラン

まずは家計改善

- 先取り貯蓄
- ボーナス貯蓄
- 百貨店積立
- 旅行積立
- プレミアム付商品券（自治体や決済事業者）
- ネット銀行

など

まずは生活費の
3～6か月分、
あるいは貯蓄が
100万円を超えるまで
がんばろう
よし！
がんばるわ

Point

取り組みやすそうな方法が
たくさんあるね

06

貯蓄100～500万円未満：ひよこプラン

リスク許容度20%

リスク商品は絶対でもない

貯蓄が100～500万円未満の人は、リスク商品を取り入れるか、まだ迷っても良い段階です。

500万円を超えるまで、もう少し預貯金中心のたまごプランを続けても良いでしょう。

少し投資を試してみたいという方は、月々1000～3000円程度の積立投資を「NISA（つみたて）」口座で始めるのがオススメ。

商品は複数のアセットクラスに自動的に分散投資できる「バランスファンド」が候補になりそうです。

どうしても積立の気が進まない人は、予算20万円（積立ではない）などと決めた中で、いくつかの商品購入を試してみるのも良いでしょう。

バランスファンドとは

投資信託は中身によって性格がガラリと変わります（78ページ参照）。国内株式を中心とした商品、先進国株式を中心とした商品、全世界の株式を中心とした商品など、ジャンル（アセットクラス）も様々。

分散投資の効果（86ページ参照）を期待するなら、複数のジャンルの投資信託を自分で組み合わせて購入することになります。

一方で、自分で選んで組み合わせるのも大変なこと。あらかじめ複数のアセットクラスが組み合わされたバランスファンドであれば、自動的にリバランス（140ページ参照）され、手間もかかりません。手間いらずでオススメですが、「国内債券への投資は増やしたくない」といった考えを細かく反映するのは難しく、特定のアセットクラスだけ売却することはできないので注意。

ひよこプラン

バランスファンドのイメージ

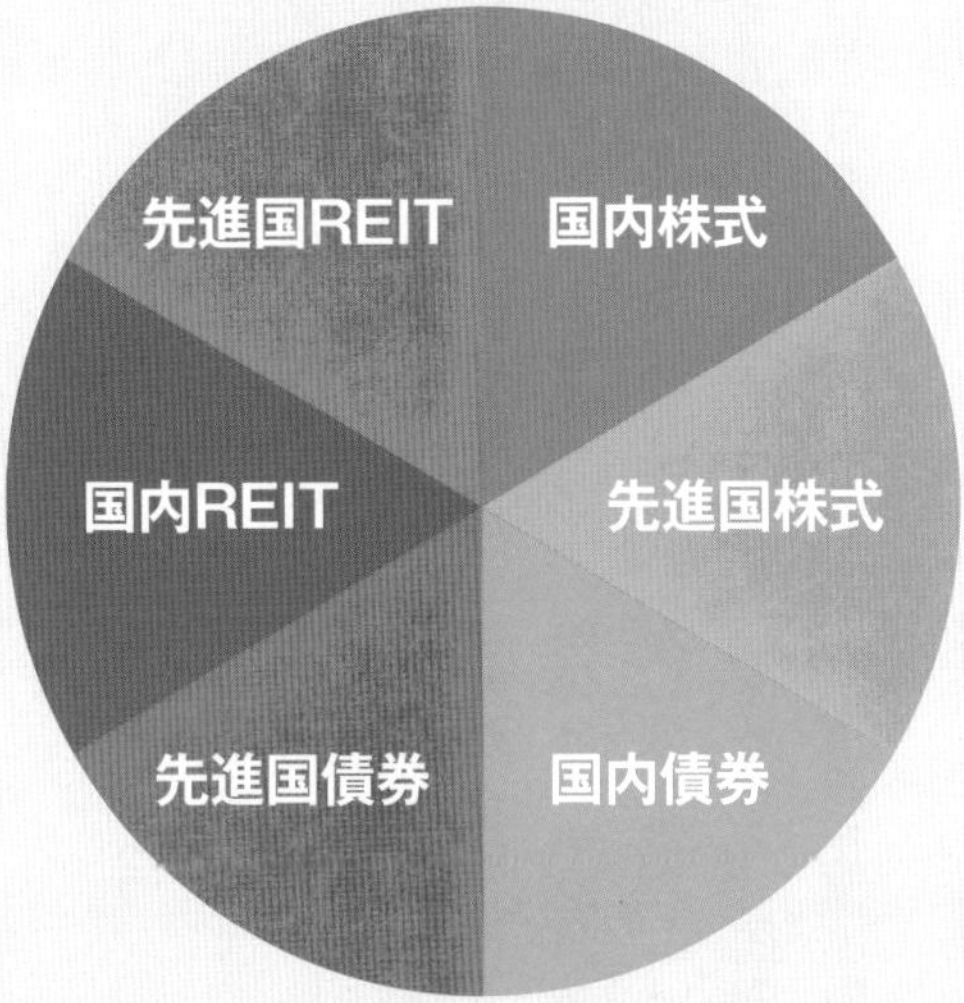

商品名	信託報酬	純資産総額（百万円）
eMAXIS Slimバランス（8資産均等型）	0.154%以内	170,503
たわらノーロードバランス（8資産均等型）	0.154%以内	37,669
ニッセイインデックスバランスファンド（4資産均等型）	0.154%以内	25,749

2023年1月10日現在

Point

リバランスなどの手間がかからない分、初めての人には安心

07

貯蓄500万円超：にわとりプラン

リスク許容度20%

NISAかiDeCoを選ぶ

ある程度まとまった預貯金ができた人は、にわとりプランで本格的に継続できる投資を設計していきます。

メインで使う口座は「NISA（つみたて）」か「iDeCo」。45歳以下の人はNISA（つみたて）優先、45歳以上の人はiDeCo優先が扱いやすいでしょう。

購入する商品の候補は、ひよこプラン同様のバランスファンドか、全世界の株式、あるいは先進国株式を対象とする投資信託も良さそうです。

バランスファンドも手間がかからずオススメですが、国内で働きお給料を得て貯蓄をしている人は、資産のほとんどが国内債券（預貯金）で、これから得られる収入のベースも国内債券。金融商品は、あえて国内債券以外を増やしていくということを考えるなら、国内債券が含まれない投資信託を選ぶのも合理的です。

MSCI ACWIに連動するファンド

世界の株式に投資をする際は、モルガン・スタンレー・キャピタル・インターナショナルが算出する指数である**「MSCI ACWI」に連動するインデックスファンドが規模も大きく続けやすいです。**

先進国に約9割、新興国にも1割程度の投資を行い、日本を含むものと除くものがあります。

債券への投資を避けたくて、手間をかけずに世界中の株式に分散投資をしたい時の選択肢になります。グローバルな株式に広く投資できるバランスファンドのような位置づけで利用できそうです。

日本を除く商品と日本株式投資信託を購入するのも良いですね。

にわとりプラン

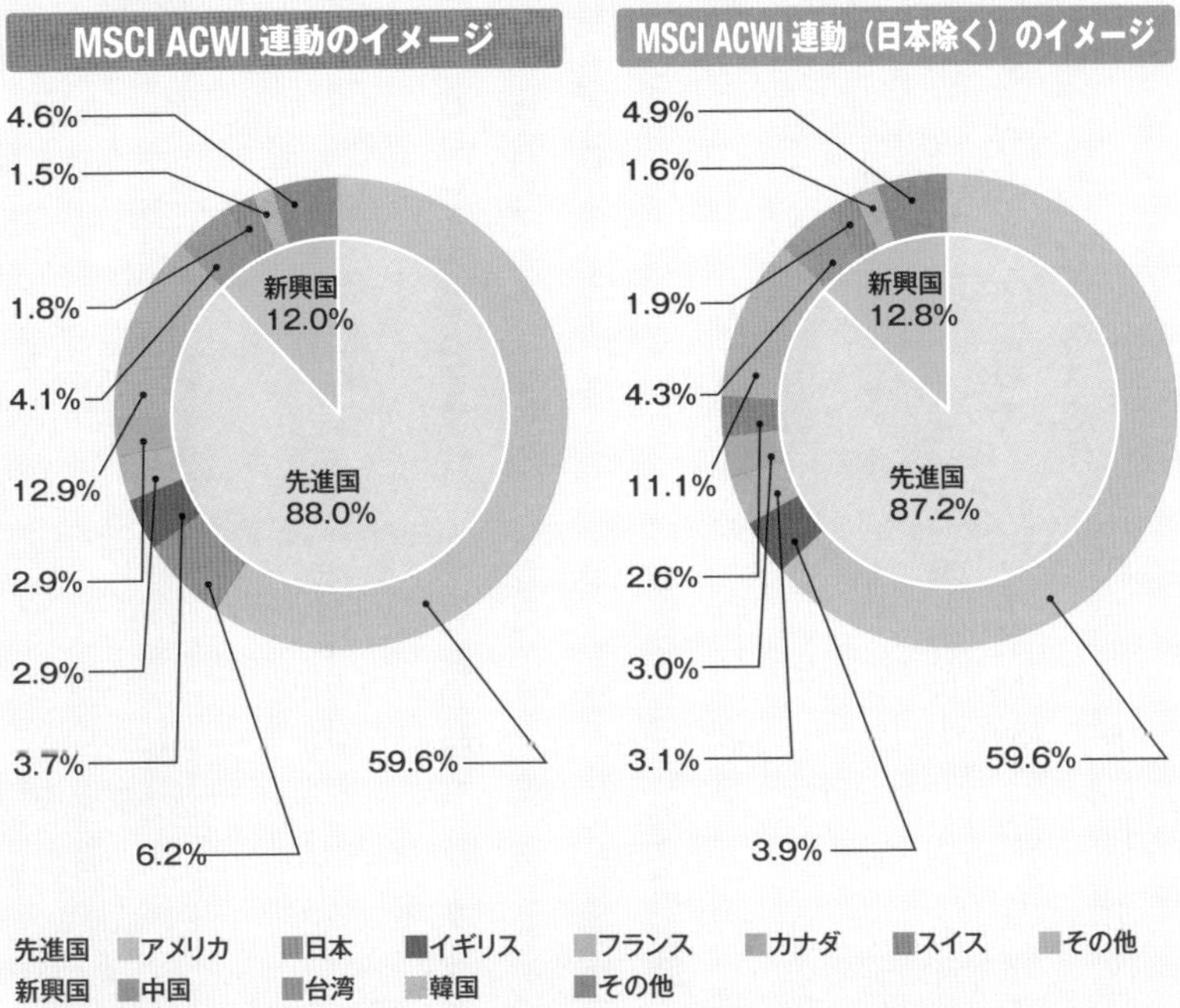

商品名	信託報酬	純資産総額（百万円）
MSCI ACWI に連動する商品		
eMAXIS Slim全世界株式（オール・カントリー）	0.1144%以内	808,770
たわらノーロード　全世界株式	0.132%以内	4,015

2023年1月10日現在

Point

株式に特化して世界中に分散投資することができる

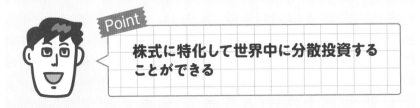

08 貯蓄８００万円超：ねこプラン

リスク許容度 40%

家族全体の口座活用を考える

既に貯蓄が８００万円超ある場合は、自分の口座だけでなく、家族の口座の活用も考え始めてみましょう。

貯蓄が８００万円を超えているので、大きなライフイベントにも既に対応しやすい状況です。税制優遇口座は節税にもつながるｉＤｅＣｏを優先すると良いでしょう（２０２３年は最後の枠を使うという意味で、特に若い人はつみたてＮＩＳＡを使うのも良い）。ジュニアＮＩＳＡも検討できますが、夫婦の税制優遇口座を使い切る方が優先順位は高いです。

対象商品は、ひよこプランで出てきたバランスファンド、にわとりプランで出てきた全世界株式投資信託も変わらず有力な選択肢です。

もし、状況に応じて一部を売却することや、資産の配分を自分で調整したいという気持ちが芽生えてきたら、複数の投資信託を組み合わせることも検討して良いですね。

国際株式と国内株式を組み合わせ

自分でアセットクラスの配分を意識して、バランスが崩れてきたら以降の買付けなどでリバランスをしていくことを前提に、いくつかの投資信託を組み合わせていきます。

候補になるのは、先進国投資信託や、世界における時価総額が圧倒的に高い米国株式投資信託、為替の影響がない日本株式投資信託などです。

リバランスに手間がかかることや、特定の投資信託をわずかだけ入れることなどが難しくなりますが、選択したアセットクラスの投資信託だけを売却するなどの自由度が生まれます。

ねこプラン

商品名	信託報酬	純資産総額（百万円）
先進国株式投資信託		
eMAXIS Slim 先進国株式インデックス	0.10615%以内	377,852
ニッセイ 外国株式インデックスファンド	0.1023%以内	420,939
米国株式投資信託		
SBI・バンガード・S&P500インデックス・ファンド	0.0938%程度	725,630
eMAXIS Slim 米国株式（S&P500）	0.0968%以内	1,633,750
日本株式投資信託		
ニッセイ TOPIXインデックス・ファンド	0.15%以内	50,791

2023年1月10日現在

Point

家族全体の口座の使い方を考えるステージに！

09 貯蓄１０００万円超：ぞうプラン

リスク許容度60%

ＮＩＳＡもｉＤｅＣｏも積極活用

ねこプランではｉＤｅＣｏを使い切る、あるいはＮＩＳＡとの併用を考え始めました。貯蓄が１０００万円超のぞうプランでは、ＮＩＳＡ（つみたて）もｉＤｅＣｏも家族名義の口座は使い切ることも「視野に入って」きます。２０２４年からのＮＩＳＡの生涯限度額は１人１８００万円のため、使い切る人ばかりではないと思います。ただ「ｉＤｅＣｏかＮＩＳＡか」ではなく、「ｉＤｅＣｏもＮＩＳＡも」積極的に活用できる段階に入ってきています。

商品についてはひよこ、にわとり、ねこで出てきたラインアップと変わりません。いずれかを選択したり組み合わせたりして積立を継続していきましょう。

資産規模が増え、投資の年数を重ねると、資産全体で見た時の配分が把握しづらくなります。普通預金、ＮＩＳＡ、ｉＤｅＣｏ、その他と、いくつかの口座に分けて資産を保有しているためです。

年末など年に一度、資産の棚卸しをして、ご自身やご家庭の資産が全体でどういったアセットクラスに配分されているか確認しましょう。

その他の税制優遇制度

ＮＩＳＡやｉＤｅＣｏを使い切るといっても、**特に自営業者のｉＤｅＣｏは月６・８万円まで拠出できるため、ハイペースな蓄財のレールに乗ることになります。**さらなる備えを目指す人は、ｉＤｅＣｏ、付加保険料、国民年金基金の合算で月６・８万円の他に、小規模企業共済で月１０００～７万円の積立も可能なので併せて検討しましょう。

ぞうプラン

商品については、
ひよこ、にわとり、
ねこのラインアップ
から選ぼう

自営業やフリーランスは

- 付加保険料
- 国民年金基金
- 小規模企業共済

全額所得控除
でき、節税
にもなるよ

も併せて検討

Point

**NISA(つみたて)もiDeCoも
家族全員で積極的に活用**

10 貯蓄２０００万円超：くじらプラン

リスク許容度 80%

税制優遇口座を超えた運用

くじらプランでは、税制優遇口座を使い切る可能性が高まり、課税口座での運用も考えていきます。

商品・運用のパターンとしては、ねこまでで出てきたバリエーションとさほど変わりはありません。

課税口座でも資産全体の性格を偏らせないように、これまで出てきた商品を組み合わせると良いでしょう。

資産が２０００万円を超えてくると、投資の比率を50％に上げても、１０００万円を預貯金などとして確保できます。子ども1人あたりのおおよその学費相当分の金額が預貯金でも準備できる状況となり、今後の収入や貯蓄増などを考えると、投資の比率を高めても概ね対応できます。

その他の投資商品

基本的にはここまで出てきた投資信託を課税口座・税制優遇口座問わず保有する形でも十分です。

今後も資産が増えていくことや、相続税対策などを検討する規模感（基礎控除額の「３０００万円＋法定相続人の数×６００万円」を超える）になるようであれば、払い済みの終身保険（法定相続人の数×５００万円まで遺族が受け取った場合に非課税）なども検討の余地が出てきます。不動産投資も有効かもしれません。金投資も、投資に充てている資産全体の5％程度で検討するなど、バリエーションが出てきます。

ただ、人生には多額のお金が必要な時期があります。子どもの教育費が重なったり、住宅の購入で諸経費を払ったりするため、その２０００万円超の貯蓄は一時的なものではないか、よく確認して配分しましょう。

くじらプラン

ひよこ
にわとり
ねこ
ぞう

すべて実施のうえで

＋

課税口座でも投資信託の積立

＋

相続対策としての保険　1人500万円

＋

金投資　投資全体の5%程度

必要に応じて

その2000万円超を
使う予定はないか
要チェック

Point

基本方針は変わらないが、これまでとは違う投資も検討しやすくなるよ

おわりに

「何をいくら買ったら良いでしょうか?」。投資や資産運用の話題になると、多く聞かれる質問です。

本書では、「生活費の3～6か月分を貯めるまでは投資をしない」、「貯蓄５００万円までは投資するかどうか迷っても良い」、「20～30代で貯蓄８００万円を超えるまではiＤｅＣｏではなくＮＩＳＡ（つみたて）優先で良い」、といった目安と、それぞれのプランで妥当と思われる購入金額をお伝えしました。購入する商品も、バランスファンド、全世界株式投資信託、日本株式投資信託、先進国株式投資信託など、さほど種類は多くありません。

しかし実際には、たまごプランに該当する貯蓄１００万円未満の人でも、普段飲んでいる缶コーヒーの代わりに毎日１００円投資信託を購入するくらいは試しても良いと思います。また、長期投資のつもりで始めて、短期で売却してしまっても良いのです。

どの商品をどの程度買うかは、貯蓄や年齢だけでなく、その人の考え方によっても変わります。金額的には妥当だったとしても、その運用をすることで、あまりに気がかりで重荷になるようでは、精神的なコストがかさんでいる状態といえます。コストは金銭だけではありません。

絶対に守りたいポイントは、〝怖いと感じるほどの投資はしない〟〝初めから大金を投資しない〟〝長期のつもりで始める〟の3つだけで、自分にとってのベストバランスは徐々に探っていくことになります。

どの程度だとストレスを感じないのか? 心地良いお金との付き合い方はどういったものなのか? そうしたポイントを探すことが、本当の意味での資産運用といえるでしょう。

ほんの少しであっても貯蓄や投資を始めると、その前より自分の好みが見えてきます。金額をぐんと抑えて、まずは無理のない一歩を踏み出してみましょう。

２０２３年1月　風呂内　亜矢

本書内容に関するお問い合わせについて

このたびは翔泳社の書籍をお買い上げいただき、誠にありがとうございます。弊社では、読者の皆様からのお問い合わせに適切に対応させていただくため、以下のガイドラインへのご協力をお願いいたしております。下記項目をお読みいただき、手順に従ってお問い合わせください。

●ご質問される前に

弊社Webサイトの「正誤表」をご参照ください。これまでに判明した正誤や追加情報を掲載しています。

正誤表　https://www.shoeisha.co.jp/book/errata/

●ご質問方法

弊社Webサイトの「刊行物Q&A」をご利用ください。

刊行物Q&A　https://www.shoeisha.co.jp/book/qa/

インターネットをご利用でない場合は、FAXまたは郵便にて、下記“翔泳社 愛読者サービスセンター”までお問い合わせください。電話でのご質問は、お受けしておりません。

●回答について

回答は、ご質問いただいた手段によってご返事申し上げます。ご質問の内容によっては、回答に数日ないしはそれ以上の期間を要する場合があります。

●ご質問に際してのご注意

本書の対象を越えるもの、記述個所を特定されないもの、また読者固有の環境に起因するご質問等にはお答えできませんので、予めご了承ください。

●郵便物送付先およびFAX番号

送付先住所 〒160-0006　東京都新宿区舟町5
FAX番号 03-5362-3818
宛先（株）翔泳社 愛読者サービスセンター

※ 本書に記載されている内容は、2023年1月執筆時点のものです。
※ 本書に記載されたURL等は予告なく変更される場合があります。
※ 本書の出版にあたっては正確な記述につとめましたが、著者や出版社などのいずれも、本書の内容に対してなんらかの保証をするものではなく、内容やサンプルに基づくいかなる運用結果に関してもいっさいの責任を負いません。
※ 本書に記載された内容はすべて著者の個人的な見解に基づいたものであり、特定の機関、組織、グループの意見を反映したものではありません。また、本書に掲載されている情報の利用によっていかなる損害が発生したとしても、著者並びに出版社は責任を負いません。
※ 本書に記載されている会社名、製品名はそれぞれ各社の商標および登録商標です。

著者紹介

風呂内 亜矢（ふろうち・あや）

1級ファイナンシャル・プランニング技能士。

CFP®認定者。

独身時代にマンションを衝動買いしたことをきっかけに貯蓄、資産運用をスタート。

現在は税制優遇口座をフル活用しながら株式、投資信託などを行い、夫婦で複数のマンションを保有し賃料収入も得ている。

テレビ、新聞、雑誌での解説のほか、『つみたてNISAの教科書』（ナツメ社）など20冊以上のお金に関する書籍を執筆・監修。

YouTubeチャンネル「FUROUCHI vlog」では、日常の記録に交えてお金にまつわるTipsを発信している。

YouTubeチャンネル「FUROUCHI vlog」
URL：https://www.youtube.com/c/FUROUCHIvlog

STAFF

カバーデザイン	河南 祐介（株式会社FANTAGRAPH）
本文デザイン	五味 聡（株式会社FANTAGRAPH）
カバー／本文イラスト	今井 ヨージ
DTP	有限会社 ケイズプロダクション

超ど素人がはじめる資産運用 第2版

2023年2月21日　初版第1刷発行

著者	風呂内 亜矢
発行人	佐々木 幹夫
発行所	株式会社 翔泳社（https://www.shoeisha.co.jp/）
印刷・製本	株式会社 シナノ

ISBN978-4-7981-7779-3　　Printed in Japan